逆転のリスキリングとサードエイジの時代

森 杏奈 著

企業の成熟世代を
知的長寿にする
人材育成メソッド

INTELLECTUAL LONGEVITY

はじめに

先輩たちに、これまでたくさんのことを教えてもらいました。困難な状況にあるときは豊富な人生経験に基づいたヒントをもらい、人間関係で悩んでいるときは示唆に富んだアドバイスをもらいました。今でもとても頼りにしているし、尊敬しています。

成熟世代が組織から距離を取るのは、当然のことなのか？

先輩たちは成熟世代になり、少し近くのものは見えにくくなったり、白髪が生えてきたりするけれど、体力は十分にあり思考能力に何の支障もありません。

しかし、そんな先輩たちは最近、声のボリュームを落とし、第一線から少し距離を取ろうとしているように見えるのです。そして、よくこう言います。

「これからは、若い人たちが頑張った方がいい」

先輩たちは何を思ってこのように発言しているのか、今の私にはよくわからないのですが、先輩たちにそう言わせているのは、先輩たちが長年勤めた組織の慣習であり、私も当事者の1人なんだと思います。

自分が当事者だと思うと、先輩たちの発言を聞いて「何か間違っている」と思わざるを得ません。成熟世代が組織から距離を取るのは今に始まったことではありませんが、私の本業である人材育成について考えれば考えるほど、「何か間違っている」という思いはどんどん膨らんでいきます。

先輩たちに「そうではない」と、はっきりと申し上げたい

私は、北欧のデジタルクリエイティブビジネススクール「ハイパーアイランド」で学び、その教えを日本で広めるべく「ハイパーアイランド ジャパン」を立ち上げました。同スクールの特徴は、時代に適応する人材を育成することです。

詳しくは本書で述べていきますが、ＡＩの進化が加速すると、人間はより人間らしく生きることが求められます。人とＡＩの共存社会がより良い方向へ進むのに必要なのは「価値ある問い」であり、そのために欠かせないのが「生きた経験」です。

「生きた経験」を多く持つのは成熟世代であり、この先の未来を考えたとき、成熟世代は価値ある存在といえます。「これからは自分よりも若い人が頑張った方がいい」という先輩たちの発言に対し、ＡＩ社会に求められる人材像を踏まえれば、「それは違うと思います」と、はっきりと申し上げたい。

成熟世代はアドバンテージがある

もちろん、「生きた経験」をただ持っているだけで価値が生まれるわけではありません。未来に向けて価値を生み出すには学習し、自らをアップデートし、新たなスキルを習得し、生きた経験をもとに「価値ある問い」を立てねばなりません。

新たなスキルを習得するには、学ぶための学習スキルである「メタスキル」の構築が重要です。テクノロジーがますます発展する未来では常に学び続ける姿勢が重要で、メタスキルを身につければ、「私は何でも学ぶことができる」と言えるようになります。

メタスキルは、これから未来を自分のものにする、すべての人が習得すべきスキルです。習得には「体験型の学習サイクル」が有効です。意識次第でいつからでも始めることができますが、成果が目に見えるようになるには時間がかかります。ただ、「生きた経験」があれば、その学習サイクルを高速で回転させることができます。つまり、成熟世代には、他の世代に比べてアドバンテージがあるということです。

「成熟世代」ではなく「サードエイジ」がふさわしい

ここまで「成熟世代」と書きましたが、実はあまりふさわしい言葉ではないと思っています。

未来を展望すれば、テクノロジーがますます進化する社会です。そうした社会で求められるのはメタスキルであり、そのスキルの習得において成熟世代の「生きた経験」がアドバンテージとなるのです。言い方を換えると、成熟世代は未来において、他の世代より早く活躍できる可能性が高い世代です。

人生100年時代といわれます。思ったよりも長い期間、成熟世代は活躍されることでしょう。まさに「人生の最盛期」です。従来は家庭や社会において責任を担う時期が「人生の最盛期」と考えられてきましたが、これからは「成熟世代」に訪れるのです。

そうしたことから「成熟世代」とは言わず、本書では「サードエイジ」という言葉を使っています。これは歴史学者ピーター・ラスレットが定義したものです。

ここまでサードエイジの可能性について書きましたが、その可能性を生かすも殺すも、実は企業次第なのです。メタスキルの習得は容易ではなく、スキルを習得するには「投資」が必要だからです。

将来、企業にとって最も付加価値を生み出す可能性を秘めているのはサードエイジです。企業はそこに投資し、メタスキルを構築する機会を提供すべきです。これが本書の主張です。人的資本経営における重要事項であり、企業が最も期待しているのはサードエイジであると明言することができたら、日本の未来はきっと明るくなると思います。

本書の内容

本書の前半では、未来を見据えた日本企業の戦略についてまとめ、必要な能力として「メタスキル」を、注目すべき人材として「サードエイジ」を取り上げます。後半では、サードエイジがメタスキルをいかにして習得するのか、その方法を紹介しています。

第1章では、私たちが現在生きている混沌とした世界の状態を理解し、その背景には「時代の移り変わり」があることが示します。第2章では、時代の移り変わりを踏まえて未来を展望し、人に求められる能力、企業が育成すべき人材像を示します。

第3章では、これからの人材に求められる能力が「メタスキル」であると示し、メタスキル人材とサードエイジの関係について解説します。続く第4章では日本企業の現状を分析し、人材面から「逆転の戦略」を示します。これからの時代、企業の提供価値を高めるのは「メタスキル人材」であり、サードエイジがメタスキル人材となればさらなる価値創出が期待できると考えます。

ここまでが前半で、ここから後半です。

第5章は、AI時代に誰もが身につけるべきメタスキルを構築するためのフレームワーク「CRAFTメソッド」を紹介します。第6章は、サードエイジ自身が「自分らしく目的を再定義する」ための方法として「リパーパス」について取り上げます。

HR部門、経営者、成熟世代ご本人へ

本書には、VUCA／BANIの時代、技術統合時代の終焉、ビッグバンディスラプション、ライトハウス企業、ドーナツ経済学といった新たな理論や事象が盛り込まれており、日本と海外で私が学んだ経験や知識をもとに執筆しました。

スピード、効率、コストを重視する現在のワークプロセスでは、明るい未来を描くことがますます難しくなっています。気候変動や経済格差のような21世紀の複雑な問題に対処し、AIや新技術をビジネスに積極的に活用するためには、私たちの生き方やあり方、ものの見方を刷新する必要があります。

特に労働人口減少と50代60代の従業員が会社のお荷物的な扱いをされている現状を打破し、サードエイジを日本の強みに変えることが今日の日本企業に本当に必要な策であることを提言しています。

本書は、従来の教育やビジネスにおける「単一の解決策」とは対照的に、サードエイジの問いや想像力を通じて自身の「複数の可能性」を探求することを強調しています。その可能性が、やがて組織の新たな価値創出へ結びつくと認識することから始めたいのです。

サブタイトルに「人材育成メソッド」とありますが、人材教育の予備知識は必要ありません。ＨＲ部門、経営企画部門、経営者、成熟世代ご本人、多様な読者に「ＡＩ時代に求められるビジネスパーソンの能力開発において、年長者にアドバンテージがある」ことをご理解いただき、新たな知的長寿へのアプローチを模索してもらうことを目指しています。

目次

第2章 これからのビジネスパーソンに求められる能力

第6章 サードエイジが自分らしく目的を再設定する「リパーパス」 215

※本書に掲載している「出所」の記載のない図や表は、参照資料・文献をもとに、すべてハイパーアイランド ジャパンが作成したものです。

第1章

混迷する世界の背景にある「時代の移り変わり」

1-1 カオス化する世界

政治・経済の分野では若者に注目が集まる

あなたは「世界で何が起きていますか？」と聞かれたら、何を思い浮かべるでしょうか？　様々なことが思い浮かぶと思いますが、その中から、まず政治の分野で起きていることに注目してみたいと思います。

政治のトップに立つ若者

日本の第101代内閣総理大臣・岸田文雄は1957年生まれ、米国の第46代大統領ジョー・バイデンは1942年生まれ、第45代大統領のドナルド・トランプは

１９４６年生まれです。ちなみに中国共産党中央委員会総書記の習近平は１９５３年生まれ、ロシア連邦大統領のウラジミール・プーチンは１９５２年生まれです。60代後半から80代という高齢者が政治のトップを務めていることに、私たち日本人はあまり疑いを持ちません。しかし、世界には高齢者に託さない国もあります。

２０２４年1月、フランスの新首相になったのはガブリエル・アタルという１９８９年生まれの青年です。本書執筆時点では35歳。フランスは大統領のエマニュエル・マクロンも１９７７年生まれと若いですが、首相はさらに10歳以上も若いことになります。アタルは政界入りして約10年という短い期間で首相に上り詰め、同国史上最年少の首相になりました。付け加えると、同性愛者であることを公言している初の首相でもあります。

フランスだけではありません。２０１９年からＥＵ（欧州連合）の大統領を務めるベルギー出身のシャルル・ミシェルは１９７５年生まれ。大統領に就任したのは44歳の時です。英国の第79代首相リシ・スナクは１９８０年生まれですから、２０２２年の首相就任時は42歳（編集部注：本書を執筆している2024年7月、首相はキア・スターマーに代わりました）。

タイ議会下院は、前首相が憲法裁判所の解任命令で失職したことを受け、与党第1党・タイ貢献党のペートンタン・シナワット党首を次期首相に選びました。2024年8月に議会下院の首相指名選挙で選ばれたペートンタン氏は、タイ史上最年少37歳の首相です。

アイルランドでは、中道右派の与党「統一アイルランド党」を率いてきたバラッカー氏が、党首と首相を辞任すると発表しました。これを受けて、保健相や高等教育相を歴任したサイモン・ハリス氏が党首となり、2024年4月、議会下院の賛成多数で首相に選出されました。ハリス氏は37歳で、当時38歳で首相に就任したバラッカー氏より1歳若い、アイルランド史上最年少の首相となりました。

フランス、EU、英国、タイ、アイルランドの政治のトップに立っているのは30代～

40代で、日本や米国などの実情から考えれば、相当に若い世代がトップの座に就いています。

現在、政治の分野のトップは若者と高齢者の2極化しており、若者に託す動きは最近になって見られることです。

経済でも若者がトップに立つ

若い世代がトップに立つというのは、経済の分野でも起きています。テクノロジーを生かしたスタートアップ企業を創業するのは若者が多く、そうした企業に何十億ドルといった投資がなされています。投資家たちは、テクノロジーを活用する企業なら年配者よりも若者を好む傾向にあります。

経済メディアでは、若者に注目した特集がよく組まれています。例えばForbesの「30 UNDER 30」の企画趣旨には、「未来の当たり前をつくるのは、いつだって若い力なのだ。次世代を牽引する30人のソーシャルインパクターたちに光をあて、彼らの躍進をエンカレッジする、それがＦｏｒｂｅｓの30 ＵＮＤＥＲ 30」とあります。経済の分野では、政治の分野よりも早くから若者に注目が集まっています。

背景にあるのはZ世代の存在感だが

ではなぜ、世界は若者に注目するのでしょうか?

まず言えることとは、１９９０年代後半から２０１０年代序盤に生まれた「Z世代」の存在感がすでに大きく、国によっては消費の中核をなしているからです。日本に住んでいると若者人口が減少しているというニュースをよく耳にしますが、世界的に見ればそうではありません。

２０２０年時点の世界人口に占めるZ世代の割合は24％で、この世代の購買力はすでに世界全体で15兆円あります。米国では総消費の40％をZ世代が占めていて、購買力はすでに5兆円あるとされ、将来的には約22兆円まで成長すると予想されています。

Z世代は現時点でも大きな存在ですが、今後はさらに社会の中心となっていくのは間違いなく、企業はZ世代を中心に戦略を立てていかねばならない状況です。

ただ、消費の中心が若者になってきていることだけで、政治・経済の分野で若者がトップに立つ理由としてはいささか弱く、もっと大きな、潜在的な理由があると見るべきでしょう。

政治・経済の分野で若いトップが誕生しているのはなぜなのか？　経済の分野では、若い世代は幼い頃からインターネットやスマートフォンなどの次世代技術に触れており、それがアドバンテージになっているとよく言われますが、高齢者が経験を生かして若者たちを引っ張っていけばよく、若者がトップである決定的な理由にはならないように思います。

「行動できる若者」に期待している

論理的に導き出せる理由はないので、ここでは、「将来に向けた正しい答えは誰も持っていない」という仮説を立てて考えてみます。経験豊富な高齢者の判断でさえ正しいとは感じられないので、まずは行動し、検証し、正しい判断を探っていかねばならないと、誰もが感じているということです。

この仮説に従えば、大事なことは「迅速に行動すること」になりますので、若い世代に託したいと考えても納得がいきます。

私たちは今、複雑で混沌とした中にいる

「将来に向けた正しい答えは誰も持っていない」は仮説ですが、この仮説に異論を唱える人はまずいないでしょう。それは、現在の世界は、複雑で混沌としているからで

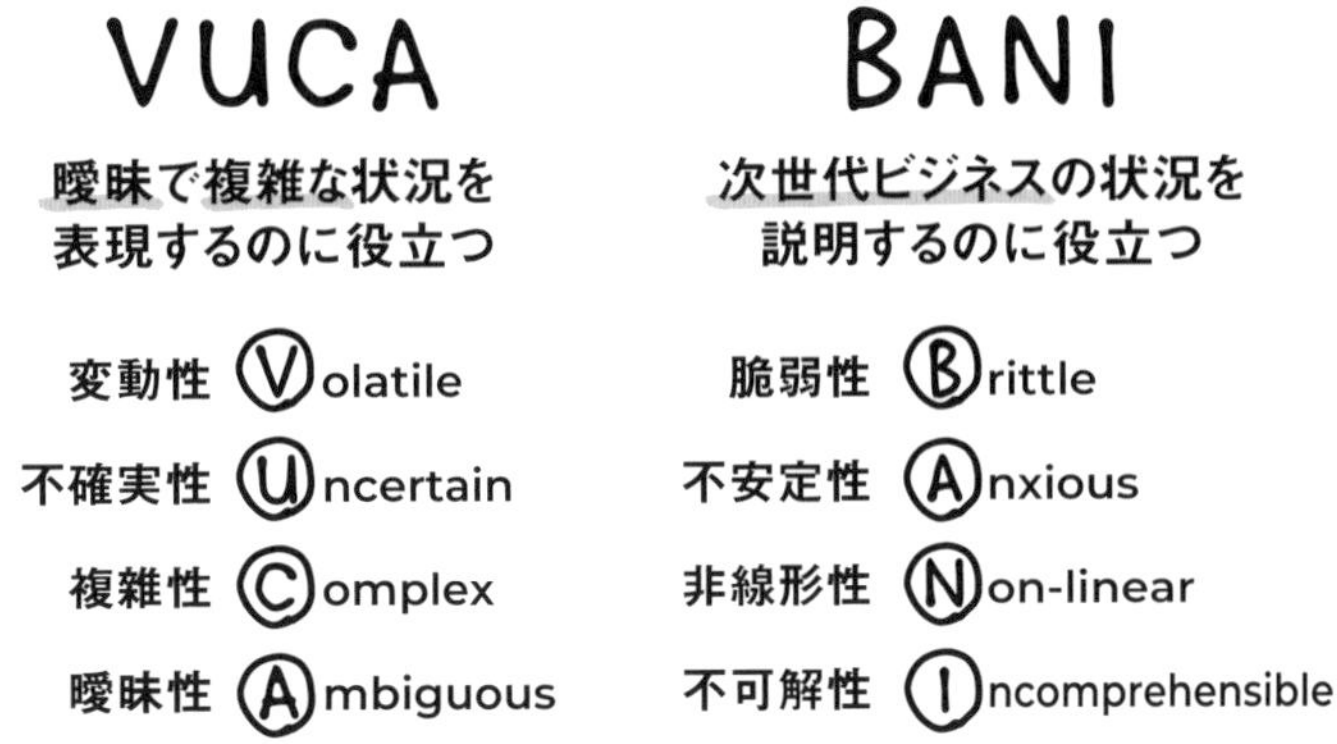

図表1-1　VUCAとBANI

す（図表1－1）。

VUCAの時代

そうした世界を表す言葉として、「VUCA《ブーカ》」がよく使われます。

1990年代に米国軍が初めて使用した言葉で、もともとは軍事用語です。1991年に当時のソ連が崩壊して冷戦は終結しましたが、それ以降の世界はますます予測困難になり、不確実性が増していきました。核兵器を保有していれば抑止力が働き破滅的な行動を抑えられるといった単純な世界にはならず、世界はますます混迷を深める中で、米国軍がVUCAという概念を打ち立て、その後の意思決定や戦略立案に活用したとされています。

ＶＵＣＡは「Volatile」「Uncertain」「Complex」「Ambiguous」の頭文字からなる言葉で、順に「変動性」「不確実性」「複雑性」「曖昧性」を意味します。もともとは冷戦後の世界の状況を表現する言葉でしたが、私たちの身近な社会を表すのにもふさわしい概念とされ、２０１０年代ごろから、経営やリーダーシップの分野で広く受け入れられ、組織の状況や環境を特徴付ける言葉としてよく使われるようになりました。

ＢＡＮＩの時代

ＶＵＣＡは今でもよく使われていますが、２０２０年以降、新たな言葉が使われるようになります。それは「ＢＡＮＩ《バニ》」です。ＶＵＣＡの状況に、地球規模の気候変動や、地球レベルでのシステムの変化が起きていることを加味した言葉で、特に現代のビジネス環境を説明するのに役立つキーワードです。

ＢＡＮＩの「Ｂ」は「Brittle《ブリトル》」の頭文字で、「脆弱性」を意味します。度重なるシステム障害や、唐突に発生した新型コロナウイルスの感染拡大など、現代のビジネス環境は様々な脆弱性に常に脅かされていることを表しています。

次の「Ａ」は「Anxious《アンキシャス》」の頭文字で、「不安定性」を意味します。前述したような様々な脆弱性を常にリスクと感じ、それが人々を不安にさせていることを表しています。

「Ｎ」は「Non-linear《ノンリニア》」の頭文字で、「非線形性」を意味します。これは物体に関わる力（応力）と、力を加えられた物体に生じる変形《ひずみ》が比例関係にない（線形でない）状態を指す用語で、ささいな決断により利益がもたらされることがある一方で、壊滅的な状態を招くこともある。様々なことが必ずしも役に立つとは限らず、多大な努力が無駄になってしまう可能性があることを表しています。

最後の「Ｉ」は「Incomprehensible《インコンプリヘンシブ》」の頭文字で、「不可解性」を意味します。私たちが信じてきた既存のロジックや思考では理解できないことが起きていて、経験に基づいたルールが通用しないと感じるようなことを指します。

VUCA／BANI時代の人々の反応

ＶＵＣＡという言葉もＢＡＮＩという言葉も、人々が自分で選んで使うことで広まっています。人々が選んで使うということは、誰しもが「こうした時代にいる」と実感している証左です。もし自分の実感と違っていれば、こうした言葉は広まらないものです。

ＶＵＣＡやＢＡＮＩの状況は、収まるどころか、ますます混迷の度合いがひどくなっているように見えます。こうした複雑で混沌とした世界に生きる私たちは、「どうしたらいいんだろう?」「自分は何をすればいいんだろう?」と、誰しもが共通する焦りを感じています。

ここで注目したいのは、その焦りに対する反応に共通点が見られないことです。代

表的な反応としては、

・安定した過去にしがみつこうとする、または、諦める
・スキルアップを急いで反応的なトレーニングに励む
・専門分野をより深く掘り下げ、唯一無二な存在を目指す

など、バラバラな反応が起きています。

こうしたバラバラな反応がさらに複雑で混乱した状況を招き、混迷を増幅させています。このような事象は、「将来に向けた正しい答えなど誰も持っていない」ことを裏付けるものであり、「迅速に行動することが何よりも大事」という仮説に説得力が生まれます。迅速に行動するなら高齢者よりも若者の方がいい、だから「世界は若者に注目している」のであり、さらにいえば「世界は若者に執着している」のです。

複雑で混沌とした世界から誰もが抜け出したいと思っていますが、一体自分がどう

振る舞えばよいのかわからず、他の人々の反応がバラバラであるために、混沌度合いはひどくなる一方です。

歴史に学べば、世が乱れるのは一つの時代が終わり、新たな時代が始まる時です。混沌としている現在は、ある時代から別の時代に移り変わる混乱期と捉えることができます。

では、私たちは今どんな時代を生き、どのように変わろうとしているのでしょうか？　次節以降で、２つ提示したいと思います。

1-2 技術統合時代の終焉

「技術を受け入れる側」が変わってきている

まず提示したいのは、私たちは技術の進歩によって生活の質を向上させてきた、いわば「技術統合時代」を生きてきたのではないかということです。

事実、過去150年間では、人類の歴史上、最も目覚ましく技術が進歩しています。電灯、自動車、プラスチック、電話、テレビなどは誕生して150年もたっていません。直近の約50年間はITを中心に、インターネット、スマートフォンと革新的な技術が次々に生まれ、それを私たちの日常道具やサービスに統合し、日々の生活や子育て、医療など、あらゆるものを快適にし、楽にし、人々を支えてきたのです（**図表1－2**）。

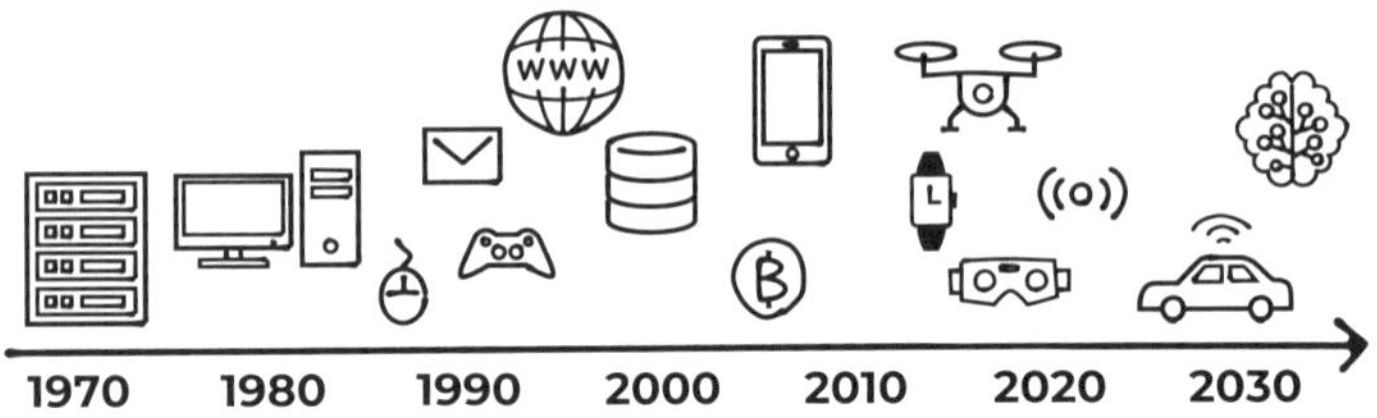

図表1-2　技術統合時代

また、産業革命以降、技術の進歩により労働者は1日により多くの仕事をこなせるようになり、それによって生産性が向上して生産量の増加につながり、それが経済成長を促進させてきました。技術はビジネスの源泉であり、技術を制する者がビジネスを制する時代であったともいえます。

「技術の進歩」は止まらない

技術統合時代が150年以上続いているなら、今を生きているすべての人は生まれながらにその時代を生きている人々です。生まれた時から続いている時代の終わりに気付くのは難しいものですが、現在を「技術統合時代」と捉えることができれば、その終わりについて考えることができるかもしれません。

ここで賢明な読者は、「技術統合時代が終わるだって？　これからも技術は進化し続ける。技術の進化が止まることはない」と指摘するでしょう。

その通りだと思います。人類の歴史と共に技術は進化し続けており、その流れが止まるとは考えられません。技術がますます進化するのは、間違いないと思います。

そこで、私はこう考えました。「技術の進化」が変わらないとするならば、技術を「受け入れる側の人が大きく変化しようとしているのではないか」。そう考えるきっかけになったのは、**図表1－3**を見た時です。

イノベーター理論

図表1－3の正規分布のようなグラフは、米国の社会学者エベレット・ロジャースが提唱した「イノベーター理論」を表したもので、新しい技術が顧客に採用されるまでのパターン、つまり「技術を受け入れる側の人」を示したものです。横軸は時間、縦軸は採用人数を示しています。

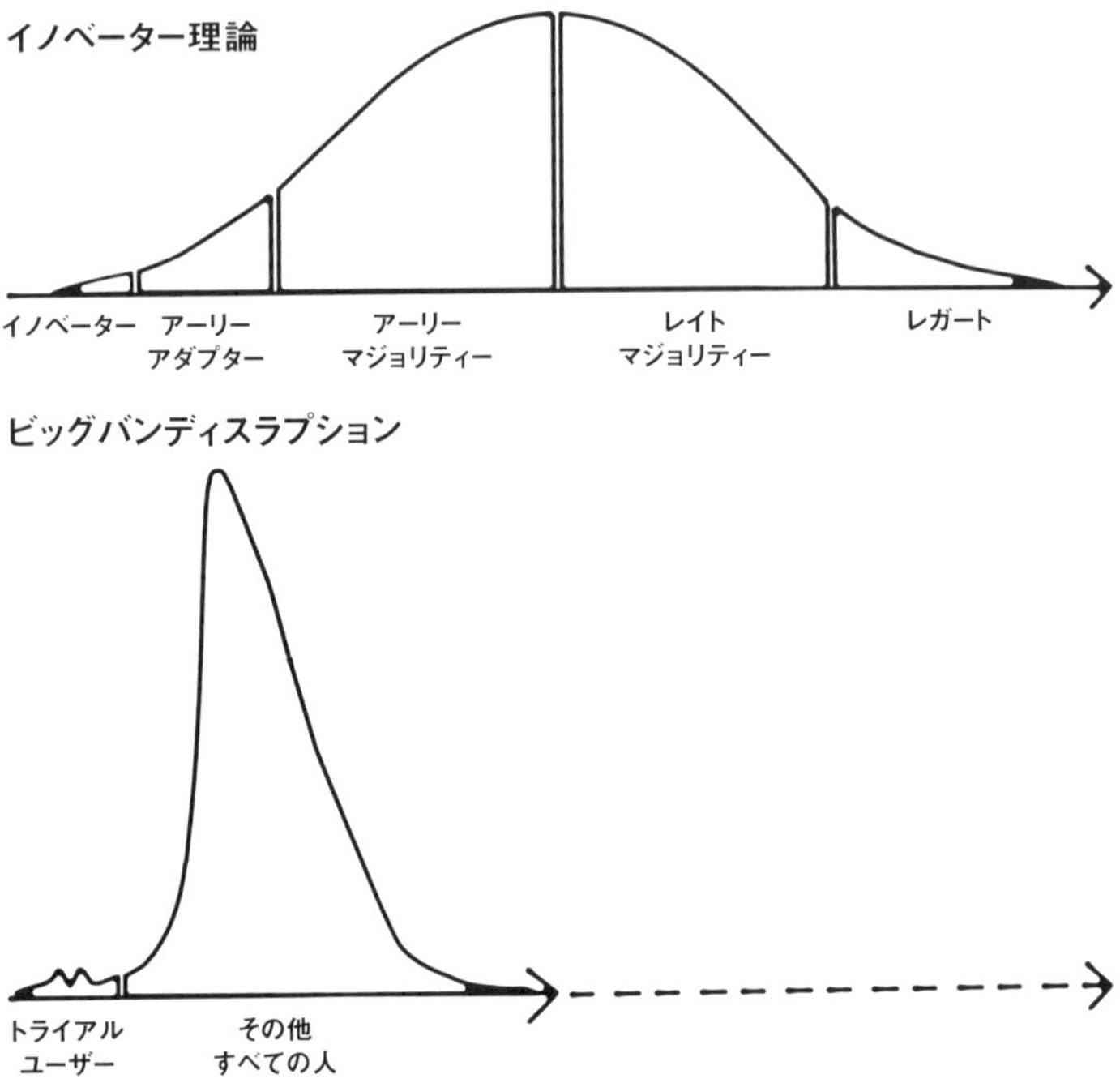

図表1-3　技術を受け入れる人の変化

イノベーター理論では、技術を採用する顧客をその採用時期が早い順に「イノベーター」「アーリーアダプター」「アーリーマジョリティー」「レイトマジョリティー」「レガート」の5つに分けています。

このイノベーター理論に「キャズム」と呼ばれる深い溝があることを唱えたのは、米国の経営コンサルタントであるジェフリー・ムーアです。最初にイノベーター、次にアーリーアダプターが新しい技術を使い始めますが、ここで大きな「溝」（「キャズム」と呼びます）が出現し、その溝を乗り越えることができれば、その後はアーリーマジョリティー、レイトマジョリティー、レガートへと浸透していくとされています。

イノベーターは全体のわずか2・5％、アーリーアダプターは13・5％とされていますので、最初は16％までの少数のユーザーに広がり、キャズムを越えることができれば、34％のアーリーマジョリティーに、さらに34％のレイトマジョリティーにゆっくりと広がっていくとされています。

このイノベーター理論とキャズム理論は、多くの技術に当てはまりました。これまで「技術を受け入れる側の人」は、おおよそこうした理論で説明できたということです。

ビッグバンディスラプション

しかし最近は、こうした理論に当てはまらず、新たなモデルでないと説明できない技術が増えているといいます。その新たなモデルを示しているのが、**図表1－3**の「サメの背びれ」のような形のグラフです。これを「ビッグバンディスラプション」と呼びます。

ビッグバンディスラプションの特徴は、イノベーター理論よりも横軸が短く、縦軸のピークが高いことです。つまり、従来の技術より短期間で一気に社会に浸透することを示しています。

「ビッグバン」とはこの宇宙が始まった大爆発のこと、「ディスラプション」とは「破壊」という意味です。ここ最近、デジタル技術が既存ビジネスを破壊するという意味で「デジタルディスラプション」といわれますが、そう呼ばれるような技術のいくつかが「ビッグバンディスラプション」に当てはまります。

AIはパラダイムシフトを起こしている

代表的なビッグバンディスラプションの技術は「AI（人工知能）」です。

例えばオープンAI社の生成AI「チャットGPT」は、公開してからわずか2カ月でユーザー数が1億人に達したといわれています。それ以前の主要な技術はユーザー数1億人に到達するのに数年はかかりイノベーター理論に従っていましたが、生成AIは明らかにイノベーター理論には当てはまりません。

現在のAIの普及は「機械学習」という技術によってもたらされました。生成AIはその技術を応用して「大規模言語モデル」（Large Language Models）で自然言語処理を行っていましたが、すぐに言語だけでなく画像や音声などを統合するマルチモーダル技術へと進化しています。その進化のスピードと精度の向上は目覚ましく、対応領域はどんどんと拡大し、文字通りあらゆる業種・業界にその影響は及んでいます。すべての企業はAIをもとに自社の戦略を練り直さねばならない、といわれるほどの破壊力です。

これは「技術の進歩」に間違いありませんが、その技術を受け入れる側の私たちは、それ以前とは明らかに変わってきていると思います。イノベーター理論が成り立たないくらい短期間で普及しているのはその一つの表れですが、一つの技術があらゆる領域に影響することも、これまではあまり経験のないことです。

ＡＩは「ただの技術の進歩」ではなく、私たちに「パラダイムシフト」をもたらしている、そう捉えるのが適切ではないかと感じています。これまで１５０年続いてきた「技術統合時代」が終わり、新たな時代に移ろうとしているということです。

モノづくりの歴史

新たな時代を探るうえで、これまでの技術と人の歴史、主にモノづくりの歴史を簡

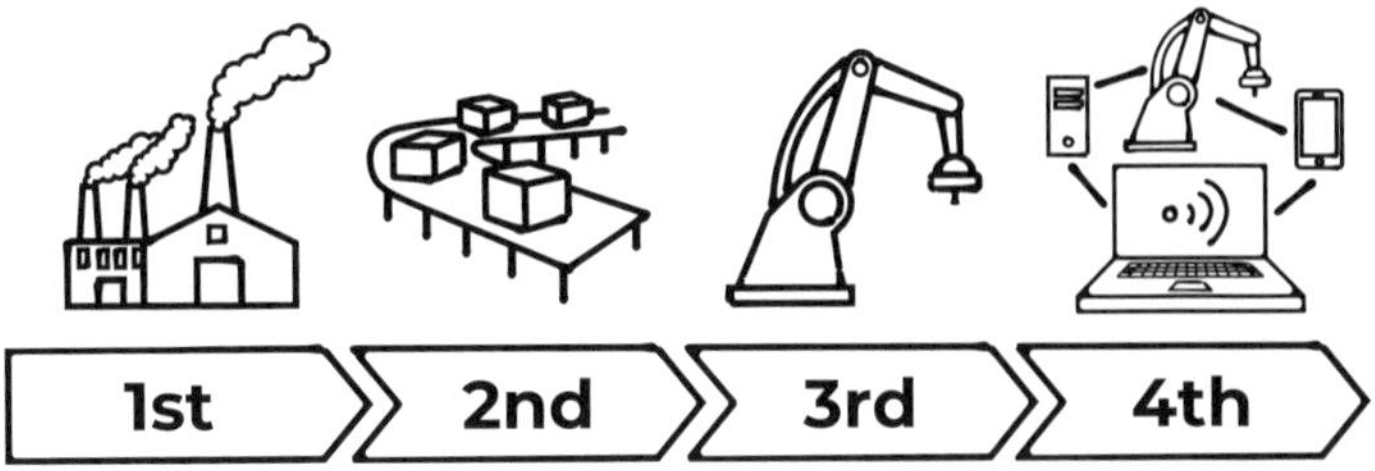

図表1-4　モノづくりの歴史

単に振り返っておきたいと思います（**図表1－4**）。

産業革命が起きるまで、生産者は手作業でモノづくりを行い、エネルギーとして水車や馬などを使ってきました。そうした時代は長く続きますが、18世紀、英国で紡績機が発明されたことで大きく変化します。紡績機によって紡績の生産性が飛躍的に向上した他、同時期に蒸気機関が発明され、モノづくりは機械化されていきます。この、機械化による大量生産時代を第1次産業革命と呼びます。

その後、20世紀前半から電力・石油が普及したことでモーターと内燃機関が発明され、軽工業から重工業へ移行します。エネルギーの変遷に加えて科学的管理手法が駆使され、さらなる大量生産が可能になります。これを第2次産業革命と呼びます。例えば米国の自動車メーカーのフォード社は、熟練工の作業を分解して複数の単純作業としたうえで、ベルトコンベヤーを使った流れ作業にしてT型フォード車の大量生産を可能にしました。

次の第3次産業革命は、20世紀後半から利用されるようになったコンピューターによる自動化です。コンピューターは当初事務作業に用いられてきましたが、1970年代に入りモノづくりの現場にも使われるようになりました。工作機械の進化や産業用ロボットの普及と相まって、生産の自動化が進められます。

そしてその後、デジタル技術の進展を背景に、顧客ごとに異なる個別仕様の注文を量産品と同様のコストと短納期で提供できるモノづくりを実現し、競争力をさらに高めていこうという取り組みがドイツで始まりました。これを「インダストリー4・0」と呼び、第4次産業革命と位置付けられています。

第4次産業革命では生産工程だけでなく、設計・調達・受注などの生産前工程、物流や保守などの生産後工程もすべてデータで連携して全体最適を図る動きがあります。

第3次産業革命までは製造業を中心とした変革の取り組みでしたが、第4次産業革命では非製造業も加えた取り組みになっています。

現在は第4次産業革命の真っただ中と考えられており、一連の産業革命全体を通して言えることは、技術を活用した生産性向上が中核にあり、前項で示した「技術統合時代」そのものと言えます。

ライトハウス企業

新たな時代の始まりは、その前の時代の最終期には始まっているものです。現在がその最終期だとすれば、現在起きている活動の中に、新たな時代の萌芽があると考えられます。その萌芽を探すために、第4次産業革命のトップランナーといわれる企業の活動を探ってみます。

第4次産業革命のトップランナーとして注目したいのは、2018年から始まった、世界経済フォーラムとマッキンゼー・アンド・カンパニーが主導する「グローバル・ライトハウス・ネットワーク」です。第4次産業革命のイノベーションを起こす企業として世界経済フォーラムが「ライトハウス」として認定し、その企業は「グローバル・ライトハウス・ネットワーク」に加わります。現在その数は153（2024年1月時点）ありますが、日本企業は3社しか認定されていません。日本は第4次産業革命のトップリーダーとしての存在感は薄く、現時点ではドイツや中国の企業が多くなっています。

ライトハウスは世界のお手本となる企業で、消費者向けパッケージ商品、プロセス産業、先端産業から医薬品・医療品に至るまで、幅広い産業分野に及んでいます。その評価基準となるのは「生産性」「持続可能性」「レジリエンス」の他、「全員が生き生きと働き、成長期にも危機にも強い」ことです。

実際のライトハウス企業の取り組みを、見てみましょう。

ダノン社の例

フランスのパリに本社を置く乳製品メーカーのダノン社は、ライトハウス企業の一社です。ダノンはグローバルに40以上の生産拠点がありますが、以前はスケーリングに課題を抱えていました。それぞれの生産拠点でデジタル化の成熟度やＩＴシステムのアーキテクチャーが異なり、全社統一の生産ネットワークとして機能できていなかったのです。

こうした問題にダノンは、トップダウンで明確な戦略を実行しつつ、従業員主導のアプローチを取ります。デジタルやＩＴに関して、そのすべてをトップが決めて全生産拠点で導入するのではなく、迅速に体系化できる世界標準のソリューションを採用しつつ、従業員を継続的にスキルアップさせ、従業員の成長と共に企業を変革させる方法です。

１５０人以上のデジタルリーダーがスキルアップをし続け、ソリューション別のス

図表1-5　シプラの取り組み

取り組み	概要
ワークフォース・エンゲージメント	従業員のエンゲージメントを高めるために、複数の取り組みを実施。例えば、オペレーターを対象とした隔週会議や現場視察、現場リーダーを対象とした組織間の交流会などを実施
オフィス変革	現場レベルからCXO（チーフ・エクスペリエンス・オフィサー）まで、全社的な変革ガバナンス管理体制を導入
IIoTアカデミー	IIoTとは「Industrial Internet of Things」の略称で、産業に特化したIoTのこと。デジタルとアナリティクスのアカデミーを設立し、新たなデジタル人材の発掘と既存人材のスキルアップを図る。50人以上のリーダー、110人以上の翻訳者、400人以上のオペレーターを育成
IIoTスタック	スケーラブルなIIoT技術を導入し、90%以上の重要機器を監視する。その監視データをクラウドに集める仕組みを構築
テック・エコシステム	50社以上のベンダーパートナー、30社以上の戦略的パートナーと関係を構築
アジャイル・アプローチ	2週間のスプリントでMVP（Minimum Viable Product）を作り出す方法でユースケースを開発。そうしたアジャイル部隊を70以上展開
アジャイル・デジタル・スタジオ	スタジオを導入し、サイロ的に分かれていた部門間を効果的にコラボレーションできるように推進

キルアッププログラムには800人以上が参加しています。こうした取り組みで、2年間で1億ドル以上のインパクトを獲得することに成功しています。

シプラ社の例

1935年に創業したシプラ社は、インドのムンバイ市に本社を置くインド最大規模の製薬会社です。ライトハウス企業の一社で、数多くの認可を得た医薬品を国内外に展開しています。2年間に20を超える事業所の業務改善に成功した取り組みにより、生産性と品質において様々な業務成果を生み出しています（**図表1－5**）。

同社ではこれら一つひとつの取り組みを「イネーブラー」と呼んでいます。イネーブラーとは「何事かを可能にするもの」ですが、ビジネスでは、目標を達成するために必要不可欠な技術をもって後方支援する人や組織のことを指します。

技術で人が進化する時代

ダノンとシプラの事例のどこに、最先端の特性があるのでしょうか？　一見すると、日本企業でよく見られる草の根的な従業員のボトムアップ活動や人材育成のように見ることもできますが、違いは、トップの戦略に明確に結びついている点です。これにより、従業員の取り組みが企業変革と一体化しているのです。

ライトハウス企業で忘れてはならないのは、第４次産業革命のトップランナーだということです。どこよりもＡＩやロボットなどの先端技術を使いこなし、コスト削減やサイクルタイムの短縮など、企業競争力を左右する点において世界トップ水準の企業です。そうした企業が「従業員のボトムアップ活動や人材教育」に注力していることに意味があります。

ライトハウス企業が人材育成に投資するということは、企業活動のすべてが技術に置き換わることはなく、未来も人が重要な役割を果たし、技術と人の共同作業を前提にすると、技術の進化は速いためボトルネックは人であり、人の能力が企業全体の能力を左右する、つまり、「従業員の永続的な成長が企業の永続的な存続を可能にする」と考えているのだと思います。

ダノンのデジタルリーダーやシプラのIIoTアカデミーなど、従業員のスキルアップにデジタル技術を取り入れていることは見過ごせません。これは今、世界中で「ＤＸ人材育成」として行われていることと基本的に同じであり、珍しいことではありませんが、注目すべきなのは、ライトハウス企業は「従業員の永続的な成長が企業の永続的な存続を可能にする」と捉えていることです。その文脈で解釈すれば、ライトハウス企業の狙いがはっきりと見えてきます。それは、「技術で人を成長させ続ける」ことです。

すでに始まっていることなので新しく感じないかもしれませんが、この、技術と人の関係は技術統合時代にはあまり見られないものであり、次の時代の特性と言えそうです。例えば、ＶＲ（仮想現実）技術は、当初はエンターテインメント分野で使われ、社会をより良くするために活用されていましたが、最近は職人の能力向上など、人の能力を高めるためによく使われています。前者の「社会をより良くする」は技術統合時代の特性であり、後者の「人の能力を高める」は新時代の特性です。

これまでの「技術統合時代」は人の社会をより良くするために技術を生かしていましたが、これからは技術の進化を人が取り込み、人自身がより良くなっていくのです。技術を「活用する」ではなく「取り入れる」感覚であり、自分自身をより良くするために技術を生かすのです。よく言われる「ＡＩ共存時代」とは、「社会の中に人とＡＩが共存」しているのではなく、「人の一部としてＡＩが共存」することなのです。

「技術統合時代」の次に来ているのは、「技術で人が進化する時代」。本書ではそう呼ぶことにします。

1-3 成長志向の終焉へ

ドーナツ経済学

カオス化する世界を時代の移り変わりと捉え、前節では「技術統合時代の終焉」という転換点について説明しました。本節ではいったん技術を離れ、もう一つの時代の移り変わりとして「経済モデル」に注目したいと思います。

世界の多くの国では経済モデルとして「資本主義」を採用しています。資本主義が始まったのは第1次産業革命といわれていますので、前節で話した技術統合時代と時を同じくしており、今を生きる私たちは当たり前のように資本主義の中にいます。資本主義では企業は利益を求め、成長を志向します。私たちの暮らしは、そうして豊かになっていったのです。

しかし、当たり前と思われてきた資本主義の限界を主張する人たちが増えています。実際、資本主義の負の側面とされる貧富の差などは大きくなる一方で、世界から貧困や飢餓などの問題はなくなりそうにありません。それだけでなく、企業が成長志向であるがために起きていると考えられる問題は数多く、人類全体の問題として、成長志向からの決別を主張する動きはますます強くなっています。

企業の永続性を考えるなら、この動きに無頓着ではいられません。

資本主義の限界を超える考え方として、ケイト・ラワースの「ドーナツ経済学」やウィリアム・マッカスキルの「長期主義」などが登場しました。ここではドーナツ経済学を取り上げます。

ドーナツ経済学は、従来の成長依存から脱却し、地球上に存在する資源の中で、す

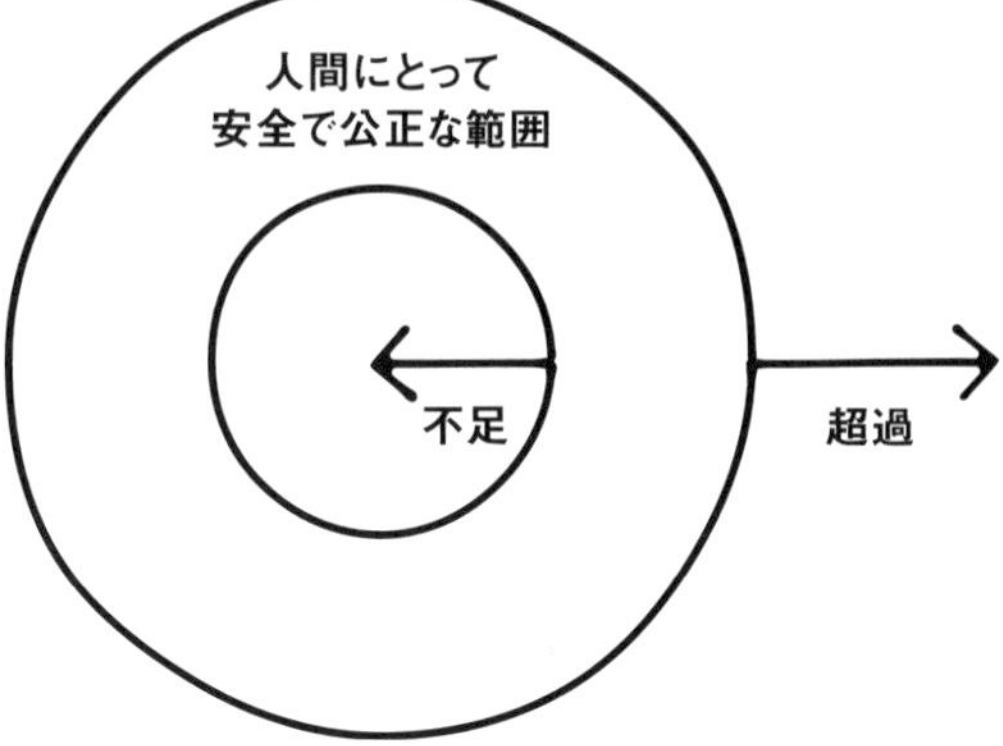

図表1-6　ドーナツ経済学

べての人が幸せに暮らせる社会の構築を目標とする経済モデルです。その概念を表すイメージがドーナツ型であることから、ドーナツ経済学と名付けられています。このモデルは、ドーナツ本体部分と、その内側と外側で構成されています（**図表1－6**）。

ドーナツの内側の空洞は、エネルギーや水、住宅など、人々が暮らすうえで必須の社会的土台が不十分である状態を指し、ドーナツ本体を含めた外側のみ社会的土台がしっかりしていることを意味します。理想はドーナツの内側の空洞がないことですが、現状は内側の空洞の面積が大きいと考えられます。

ドーナツ本体の外側は、気候変動や大気汚染など、環境破壊している状態を示し、理想は外側が小さくなることですが、実際は外側がどんどん大きく、ドーナツ本体部分に侵食していると考えられます。

ドーナツ本体の部分でしか、人類は生きていくことができません。しかし、内側の空洞部分からも外側からも狭められ、ドーナツ本体部分はどんどん細くなっています。ドーナツ経済学は、そうしたことをビジュアルで表現し、「成長」を前提とするのではなく、人類にとって安全で公正で、環境再生的で分配的な経済モデルに移行すべきだとの主張です。

ドーナツ経済学はオランダのアムステルダム市が都市政策に採用すると宣言するなど、国際的に高く評価され、持続可能な開発の専門家の間で幅広い支持を得ています。学問ではありますが、「新しい経済」を実現するための思考法を提示するなど、学びのための学問ではなく、世界を変える学問です。

新しい経済を取り入れる7つの思考法

ドーナツ経済を実現させるために、ラワースは7つの思考法も併せて提案しています。21世紀の経済学者に向けたもので、過去の経済の考え方がどのような支配的な影響力を持ち、どういう害悪をもたらしたかを示し、新しい全体像を提示するものです。成長を前提としたこれまでの経済の常識を捨て去り、新しい経済の考えに転換するための思考法と位置付けられます。

20世紀の経済学　21世紀の経済学

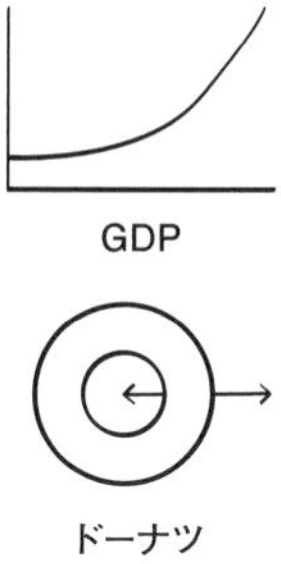

①目標を変える

従来のように右肩上がりの成長を目指すのではなく、バランスのとれた「繁栄」の道を探るべきときが来ており、そのためにドーナツ経済学のような考え方が必要である。

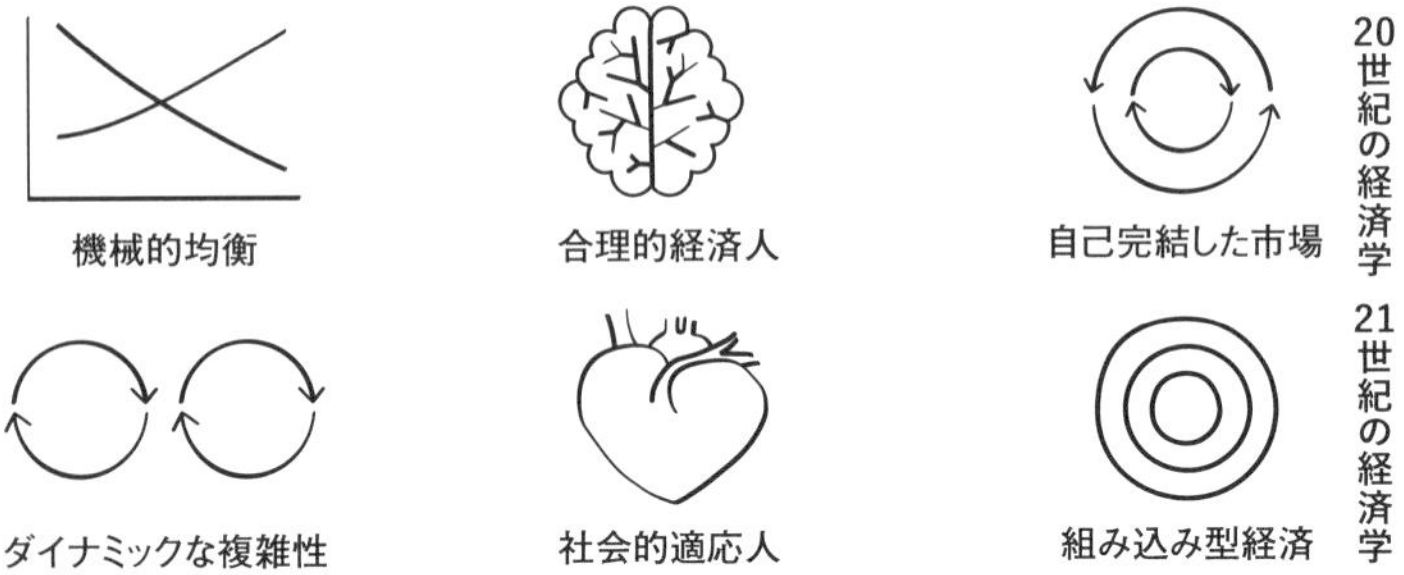

②全体を見る

限定的な経済の流れを見るのではなく、経済そのものがもっと大きな社会や自然、例えば太陽からエネルギーを得ているなど、大きな視野で捉えていかねばならない。

③人間性を育む

合理的な経済人として理想的に描かれる人物を目指すのではなく、人間は社会的で、互いに頼り合っていて、おおざっぱで、価値観が変わりやすく、生命の世界に依存していることを認識し、すべての人々を受け入れるような人間性を育むことが大切である。

④システムに精通する

経済分野において需要と供給で表されるような均衡を描くのではなく、フィードバックループで表されるような動的なシス

また成長率は上向く

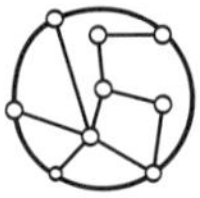

設計による分配

成長でまたきれいになる

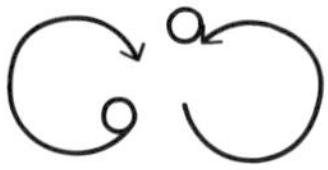

設計による環境再生

テム※思考によって、金融市場の急変動から経済格差の拡大をもたらす構造、気候変動の臨界点まで、様々な問題について思考していくべし。

※ 物事やその動きを秩序立てて整理して考えていく全体のまとまりのこと。

⑤分配を設計する

クズネッツ曲線※で表されるような「痛みなくして得るものなし」という考え方で不平等を強いるのではなく、土地や企業、技術、知識を支配する力から生じる富の再分配と、お金を生み出す力の再分配の方法を模索する考え方が必要である。

※ 縦軸は経済格差、横軸は経済成長を表すグラフのこと。経済が成長すると当初は経済格差が広がるが、その後、是正されるとする理論を示している。

⑥環境再生を創造する

環境に対する20世紀の考え方は、「きれいな環境をつくるには最初、悪化するのは仕方がない、やがて収まる」というもの

20世紀の経済学　21世紀の経済学

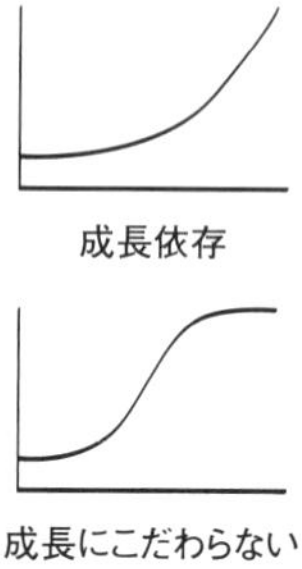

です。こうした直線型ではなく循環型で創造し、地球の生命循環プロセスに人類を組み込み、環境再生的に設計する。

⑦成長にこだわらない

終わりのない経済成長が不可欠であるという考え方ではなく、自然界に永遠に成長し続けるものはないと考え、成長依存を克服する考え方が必要である。

成長から繁栄へ

ラワースは、私たちに発想の転換を求めています。それは、資本主義でこれまで当たり前だった「成長志向」ではなく「繁栄志向」に変化することです。

繁栄というのは、人の生活が豊かになることを指しています。誰もが自分の尊厳を保つことができ、やりたいこと・なりたいものを選べる機会があり、一人ひとりの潜在的な能力が引き出され、信頼できる人々とコミュニティーが形成されるような社会です。尊厳・機会・コミュニティーは、繁栄を表現する大事なキーワードになります。

人は多くの収入を得ることより、他の人を助けたり、社会的に認められたり、何か地域のコミュニティーに関わっていたり、興味のあることを学んだり、そうしたことをしているときに幸福度が上がるという研究結果もあります。

ここでポイントとなるのが、繁栄志向に必ずしも経済成長が必要なのかということです。発展途上国と先進国では事情が異なりますが、ある程度成熟した先進国では成長が止まるのはネガティブなことではなく、むしろ、繁栄を後押しするという見方があります。成長の限界が創造性の源になり、国や所属している組織への帰属意識を生み出し、何かに参画していく意識を生み出すとされ、そうしたことが人々の繁栄を開花させるという考え方です。

企業が成長志向を捨て、繁栄志向に移行するかというと、まだどうなるかわかりません。繁栄志向については、現状は一部の先進的な経営者が採用するにとどまっているのが実情です。ただ、企業の成長志向に起因する様々な問題が指摘されていることから、「現在の経済モデルをこのまま続けてもいいのだろうか？」という問題意識はどんどん大きくなっているように思います。

第2章

これからのビジネスパーソンに求められる能力

2-1 時代の移り変わりを踏まえた未来

前章にて、世界がカオス化しているのは時代の移り変わりだからだと主張しました。時代の移り変わりの一つは、「技術統合時代」から「技術で人が進化する時代」への移行、もう一つは経済モデルに関するもので、「成長志向」から「繁栄志向」への移行です。前者は確かに起きているように思いますが、後者についてはドーナツ経済学などが掲げられているものの、一部の進歩的な経営者に受け入れられるにとどまっていると説明しました。

本章では、前章の議論を踏まえて未来に思いをはせ、来る未来を見据えると何がポイントになるのか、議論していきます。

理想的な未来

これからも技術は進化を続けます。技術で社会が良くなるのは変わらないと思いますが、これからは「技術で人が進化する時代」ですから、これまで以上のスピードで「人の能力」は向上し続けます。人の能力の向上が、これからの時代の特徴なのです。

だとするなら、これまで、人の能力の限界で不可能だったことが可能になる方向に進んでいくと考えられないでしょうか。世の中の誰もが求めているが、技術の進化だけではどうしようもなかったことが解決に向かうということです。

企業がSDGsに取り組まない原因

この考えですぐに思い至ったのは、ドーナツ経済学と目的を同じくする「SDGs（Sustainable Development Goals：持続可能な開発目標）」です。2015年9月の国連サミットで採択されたＳＤＧｓは、地球上の主な問題を解決するために世界の国々が約束した国際目標であり、17のゴール・１６９のターゲットから構成されています。ＳＤＧｓには様々な意見がありますが、ここでは「誰もが解決したいと思っている問題」という意味において取り上げます。

ＳＤＧｓで掲げている問題は、貧困・飢餓・健康・教育・ジェンダー平等・水・気候変動など多種多様で、発展途上国に限らず先進国も含めた世界の問題と位置付け、あらゆる国の企業・団体に積極的な関わりを促しています。

国連はＳＤＧｓの時間的リミットを２０３０年としていますが、このままでは実現可能性は低いと見られています。なぜなら、ＳＤＧｓを実現するには世界中の企業が本気になって取り組むことが欠かせませんが、そうはなっていないからです。

最近はＥＳＧ経営（環境・社会・ガバナンスを意識した企業経営）を掲げるなど、企業には社会的責任があるという風潮が強まっています。消費者の環境意識や人権意識も高く、そうしたことをないがしろにする企業は敬遠されています。ただ、資本主義では、企業は利益を出して成長を続けないといけません。儲かるＳＤＧｓ活動なら多くの企業が取り組むでしょうが、ＳＤＧｓに取り組んでも利益を出せないため、本格的な活動になっていないのが実情なのです。

人の進化が企業活動を変えていく

ここで、ＳＤＧｓが進展しない原因を「人の能力の限界にある」と設定すると、どうなるでしょうか。ＳＤＧｓと連動したビジネスモデルを人が描けないので企業活動として広まらないのだとしたら、始まったばかりの新時代は人が進化するので人の能力は大幅に向上し、ＳＤＧｓと企業活動を結びつけることができると期待できます。

ドーナツ経済に誰もが進みたいと思っていますが、現状の資本主義では利益を出すことが大前提であり、利益を出せないから見て見ぬふりをせざるを得なかったのではないか。しかし、地球の問題を解決しつつ利益を生み出すことができるのであれば、世界のトップ企業はその方向に一斉にビジネスの舵を切る可能性はないだろうか。

そんなことが起これば、企業は当然ながら社会問題や環境問題を意識します。その意識は従来の成長志向と異なるので、ドーナツ経済学のような考え方が徐々に浸透し、企業は成長志向から繁栄志向に移行するのは必然です。また、ＳＤＧｓは世界中の人々が実現したいと願っていることですから、そうした問題の解決に率先して取り組む繁栄志向の企業は世界から賞賛されます。そうして、繁栄志向の企業の存在感が大きくなればなるほど、従来型の成長志向にこだわる企業は消費者から嫌われ、やがて淘汰されてしまいます。

これは、あくまでも一つの可能性です。「ＳＤＧｓが進展しないのは人の能力の限界」という設定が正しくないかもしれませんし、たとえ正しくても、進化した人は新たな成長志向を模索するかもしれません。そもそも企業には多くのステークホルダーがいますから、企業方針を変えるにはすべてのステークホルダーが納得しないといけません。企業の株主にしてみれば、利益を出さない企業戦略は受け入れられません。

経営者や従業員にとってみれば、企業が永続的に存続することが重要です。

ここで示した未来予測は理想的過ぎて現実感がないと感じた読者もいると思いますが、時代の移り変わりにいる今、現在の延長で未来を考えることに意味はないように思います。「技術で人が進化する時代」には何が起こるのか、私も含めてみなさんの未来志向スキルが未来を決定付けると思います。

とはいえ、ここで示した未来が実現するとしても、段階的なアプローチが必要になります。そこで次に、階段の1段目として、現在置かれている状況を踏まえた近未来に絞って考えていきます。

現実感のある近未来

議論のスタートは、現在置かれている状況です。現在は、技術を使いこなすことで世の中のニーズを満たす商品・サービスを提供でき、技術を使いこなすことで必要としている消費者にピンポイントで届けられるようにもなります。業務面においても、技術を活用すれば作業は自動化され、または、短期間で終了し、そのスピードと正確性は企業の能力そのものとなります。従業員が技術をマスターすればするだけ、企業の競争力は高まります。

これらから言えることは、現在の私たちの暮らしやビジネスは技術をどう活用するかが鍵だということです。この状況を「技術と人の関係」に注目して捉えると、現在は技術の進化が先行し、それを使いこなす人の能力が追いついていないように見えます。技術の進化は指数関数的ですが、人間の進化はそうではないからです。

今後、人と技術の関係はどうなるのでしょうか？　ＡＩを例に考えてみます。

現代のケンタウルス

図表2-1　ケンタウルス

これまで人が反復的に実施してきた作業はどんどんＡＩに置き換わっていきますが、ＡＩにできることにも限りがあります。例として、新商品の設計・開発業務を考えてみます。こうした業務は反復的な作業だけでは済まないので、現在のＡＩにそのすべての工程を任せることはできません。ただ、反復的な作業は必ずといっていいほどあるので、そこはＡＩに任せて自動化した方がいい。

ここでイメージできるのは、メタファーとして「ケンタウルス」のような存在です（**図表2－1**）。ケンタウルスとは、ギリシャ神話に登場する、馬の首から上が人間の上半身に置き換わったような姿をしています。これは、善と悪、または、神と獣の闘争を象徴しているとされ、知恵や先見性の純粋なシンボルとして捉えられています。

現代のケンタウルスの下半身は「技術」と考えるのが適切で、それはＡＩやコンピューターそのものであり、反復的な作業は圧倒的なスピードと正確性で処理できます。ビッグデータに対する高速処理や、繰り返し実施するテストなどは、もはやＡＩ・コンピューターに任せることに疑問を抱く人はいないと思います。

ただ、現代のＡＩ・コンピューター技術ではできないことがあります。何かの解を得ていく「ソリューションジェネレーター」としては不完全であり、膨大なデータがあると学習できますが、単体データでは学習に限界もあります。そこは、人間の経験に基づく知恵や知覚が強みとなって発揮されるところです。

異分野のメンバーがチームを組み、コラボレーションして多様な経験に基づく知恵を出していく。そうしたことは人の強みであって、コンピューターにもＡＩにも全く歯が立ちません。ただ、そうした方法は時間も手間もかかり、多くのリソースを必要とするのでコストがかかるという問題があります。

理想としては、ケンタウルスのように技術と人が一体となり、それぞれの得意な部分を発揮し、苦手な部分を補完し合うことです。互いの不得手を補い合えばパフォーマンスを高め合い、最高性能を発揮できるからです。

ただ、米国のパロアルト研究所も指摘しているのですが、具体的に考えていくと実際にどういうやり方がいいのか、そのためにどうしていけばいいのか、いまだつかめていないのが実情です。

技術と人の理想の関係は見つかっていないのですが、それをもって「解が見つからない」と騒ぎ立てるより、「技術と人のあるべき関係の模索が始まった」と見るべきでしょう。なぜなら、「技術で人が進化する時代」は始まったばかりだからです。

ここで言いたいことは、近未来はケンタウルスのように技術と人が一体となり、トータルとしての能力が飛躍的に高まっていくということです。

ではその場合、人にはどのような能力が求められるのでしょうか？　次はそこを探っていきます。

経済産業省の「未来人材ビジョン」

経済産業省の「未来人材ビジョン」では、ＡＩによって業務が自動化されると、これからのビジネスパーソンに求められる能力、つまり、技術と人が一体となった場合の人に求められる能力は次のように変化すると示しています。

現状：「注意深さ・ミスがないこと」「責任感・まじめさ」を重視
将来：「問題発見力」「的確な予測」「革新性」を重視

この指摘は的を射ています。「注意深さ・ミスがないこと」「責任感・まじめさ」は、決まった作業を繰り返すときに重要になる能力です。ただ、決まった作業の繰り返しは人よりＡＩの方が正確・高速に処理できるので、それはＡＩの仕事となり、そのために必要な能力は人にとって重要ではなくなってきます。

近未来はケンタウルスのように技術と人が一体となり、トータルとしての能力が飛躍的に高まっていくのですから、人に求められる能力はＡＩの苦手な部分です。今のＡＩは膨大なデータで学習しており、既知の問題であれば人間より速く正確に答えを導くことができます。しかしＡＩは、そもそも何が問題なのかを教えてはくれません。問題が何かがわかっているならＡＩは答えを出してくれますが、問題を発見することはできないのです。だから人に必要な能力は、「問題発見力」「的確な予測」「革新性」というわけです。

なお「未来人材ビジョン」では触れられていませんが、人が技術を高度に使いこなす能力は必須です。しかも、技術はこれからも進化し、そのスピードは加速するのですから、次々と登場する新技術を習得する能力が人には求められるのです。

人に求められる能力は、「問題発見力」「的確な予測」「革新性」、そして「次々と登場する新技術を習得する能力」です。かなり高度な能力だと思いますが、これからは「技術で人が進化する時代」です。現時点で不可能と思えることが未来には当たり前になっているかもしれず、近未来ではそうした能力を備えた人に誰もが進化している、と考えてもいいのではないでしょうか。

企業の従業員として考えれば、生産性においても企画力においても今より段違いに高い能力を備えることになります。第1章でライトハウス企業が取り組んでいたように、従業員の永続的な成長が企業の永続的な存続を可能にするのだと思います。

大事なことは「企業にインパクトをもたらす人の能力が大きく変わっていく」と捉えることです。では、現在多くの企業が進めているデジタル人材育成は、ここで示した未来において、的を射たものになっているでしょうか?

企業が進めるデジタル人材育成は正しい策か?

企業によってカリキュラムは異なると思いますが、多くの企業では、従業員にＩＴの基礎知識やデジタルツールの使い方を学ばせています。それにより、「データに基づいて行動するようになった」「仮説・検証をするようになった」といった成果が出ています。

こうした人材育成は短期的には成果を出しますが、少し長いスパンで見ると、「特定のデジタルツールに依存したスキル」となり、次から次に新しい技術が登場する現在においては、すぐに古臭いスキルになってしまうリスクがあります。一般に、新しく登場する技術の方が安くて速くて効率がいいものです。他社との競争で勝ち続けるには、常に新たな技術を習得せねばなりません。

このようなデジタル人材育成は短期的には成果を出しますが、現状のやり方で常に新たな技術を習得するのは現実的ではありません。さらに言えば、現状の人材育成カリキュラムには、「未来人材ビジョン」が提示しているような「問題発見力」「的確な予測」「革新性」などを身につけさせることはあまり考えられていません。

近未来を見据えたとき、多くの企業が進めているデジタル人材育成は、的を射たものになっていないと言わざるを得ません。

企業がなすべき人材育成とは、どのようなものなのでしょうか？　次節で探っていきます。

2-2 AI時代に適応した6つの人材像

企業がなすべき人材育成として参考になると思われるのが、北欧のデジタルクリエイティブビジネススクール「ハイパーアイランド」です。かつて「デジタルハーバード」と呼ばれ、CNNは「世界で最も興味深い学校」の一つに挙げています。

通常の学校のように一方的に教えるのではなく、未来に適応する人材育成を掲げています。前節で導いた、これからのビジネスパーソンに求められる「問題発見力」「的確な予測」「革新性」「次々と登場する新技術を習得する能力」の開発にふさわしいのか、見ていきたいと思います。

ハイパーアイランドの方針

ハイパーアイランドは１９９６年にスウェーデンのカールスクルーナに設立され、ストックホルム、ブラジル、英国、米国、シンガポール、日本、フィリピンにオフィスやキャンパスを構えています。高等教育機関としてフルタイムおよびパートタイムのマスタープログラムの他、企業向けのコースも提供しています。２０１５年には、スウェーデンから国際コミュニケーション業界のデザイナー、クリエイター、ストラテジストの教育への貢献が認められ、「Stora Annonsörspriset」（新しいコンセプトなどが対象の広告大賞）を受賞しました。

同スクールの方針は「Doing」（行動すること）と「Being」（存在すること）です。

方針１　Doing（行動すること）

変化は困難であり、絶え間なく起こるものなので、継続的に学ぶことを学ばなければなりません。そして、これは、制作、創造、テスト、構築を行うことで実現します。

好奇心と大胆さが必要です。現状に疑問を投げかけ、挑戦しなければなりません。そして、新しいことを探求し、試す必要があります。これが、ハイパーアイランドで育成する人材像です。意欲的に学び、挑戦する姿勢があれば、成長し、次なるステップへと進む自信を得ることができます。

方針2　Being（存在すること）

変化は、自分から始まるということを理解することから始まります。自分の価値観、信念、目的は重要な要素です。変化に対処するには、何よりもまず自分自身を導く能力が必要です。また、他人を導くためには、自分自身を理解する必要があります。そして、テクノロジーによってもたらされる絶え間なく増え続ける混乱に対処するには、異なる視点を受け入れる姿勢も必要です。

6つの人材像

ハイパーアイランドが未来のために育成している人材には、6つの明確な特徴があります。それを人材像として順に紹介します。

人材像①SYSTEMS CONNECTOR（システムをつなぐプロ／N型人材）
人材像②RAPID ADAPTOR（素早く適応する人）
人材像③CONFIDENT TEAMER（自信に満ちたチームビルダー）
人材像④PLAYFUL EXPLORER（遊び心のある探検家）
人材像⑤TECH WRANGLER（テックの達人）
人材像⑥REFLECTIVE STORYTELLER（思慮深い語り手）

人材像① SYSTEMS CONNECTOR（システムをつなぐプロ／N型人材）

1番目の「SYSTEMS CONNECTOR」は、日本語でいうと「システムをつなぐプロ」、別の表現にすれば「N型人材」です。

ここで言っている「システム」とは、業務システムのようなものを指しているのではありません。物事やその動きを秩序立てて整理して考えていく全体のまとまりのことで、「体系」という日本語が言い換えには適切かもしれません。そうした意味の「システム」は無数あると考えられますが、1つのシステムを組み立てるのではなく、複数のシステムをうまくつなぎ合わせることができる人のことです。

それを可能にする「N型人材」とは、人材育成でよく使う「T型人材」の進化版です。人材育成の現場では、幅広いジャンルに知見がある「視野の広さ」を1本の横棒で、特定分野に精通している「専門性」を縦棒で表現します。1分野の専門性がある人材を「I型人材」、幅広いジャンルに知見がありつつ1分野の専門性がある人材を「T型人材」と呼びます。そのT型人材を進化させ、2分野の専門性を持って全体の調整も可能な人材を「π《パイ》型人材」と呼び、それをさらに進化させたのが「N型人材」です。

N型人材は、複数の専門性を持ち、それらを調整する、すなわち、「システムをつなぐプロ」なのです。数字にまつわるビッグデータだけでなく、人の感情や文化といった質的なものを示すシックデータの両方を使いこなし、広い視野で全体を俯瞰し、システム間の因果関係や相互作用などを踏まえてつなぎ合わせることができる人です。

テクノロジーと社会が進化するにつれ、様々な領域にわたる知識を結びつけ、統合する能力はますます重要性を増しています。ギャップを埋め、イノベーションを促進し、進歩を推進するうえで、「SYSTEMS CONNECTOR」は重要な存在です。この全体的なアプローチにより、変化を予測し、より広範な影響を理解し、強固で適応力のある戦略を策定することができるからです。

人材像② RAPID ADAPTOR（素早く適応する人）

2番目の「RAPID ADAPTOR」は、「素早く適応する人」です。これは、刻々と変化する状況に適応する能力を備えた人材を指しています。

この人材特性を理解するには、実は私たちの「モノの見方」は、これまでの自身の経験によってパターン化していると認識することから始めねばなりません。例えば同じ業界や会社で長く働いていると、偏った知識を身につけ、特定の経験を繰り返しているので、その知識や経験からモノを見ています。モノの見方がパターン化してしまっているのです。

自分では気付きにくいので、それが原因で自分の足を引っ張ってしまうことがありますし、何より変化に適応するのが難しくなります。

パターン化している例として、アダム・グラントは著書『Think Again』の中で、消防士の例を挙げています。山林火災の現場では、多くの消防士が命を落としているという事実があります（『Think Again』では1990年から1995年の間に23人と紹介されています）。命を落としている理由は、消防士が間近に迫る炎におののきパニックに陥ったからでも、ただちに安全な場所へ全速力で逃げることを思いつかなかったからでもありません。消防士が安全な場所に逃げる際、消防道具を捨てなかったからだと指摘しています。

そもそも消火作業には道具が不可欠であり、消防道具は消防士を象徴するトレードマークです。使命をまっとうするプロフェッショナルにとってアイデンティティーのようなものなので、目前に迫る火に対し、消防士は道具を捨てて逃げることを思いついても、実際に「捨てる」ことができなかったのです。行動がパターン化している典型的な例です。

同じ消防士の例として、『Think Again』に山林火災の消火隊長として生き延びたワグナー・ドッチの話があります。火を食い止めることは無理だと悟ったドッチは、火の手から逃げるのをやめ、振り返ってその場にかがみ込み、擦ったマッチを目の前の草に投げ入れました。そして、焼け焦げた地面に身を伏せ、隊員にも同じことをするように指示したのです。

これは、野火の燃料となるものを排除するためにおこす火のことで、エスケープファイアと呼ばれるものです。ドッチはエスケープファイアについて聞いたことはありましたが、救命術として学んだことはなかったそうです。

消防士として訓練をしていると、直感で火を消そうとし、もし食い止めることが無理だと悟ったら、直感で火を背にして走り去るでしょう。これらはどちらも消防士のパターン化した行動ですが、ドッチはこれらに逆らい、確信はないけれども、もしかしたら応用できるかもしれないアイデアを試したことで生き延びたのです。

これは「RAPID ADAPTOR」としての行動です。ドッチが生き延びることができたのは、時間をかけて熟考した結果ではなく、素早く状況を再考する能力があったからです。ドッチと共に現場にいた隊員の多くは、ドッチの行動に従わず消防士としてパターン化された行動をとり命を落としました。ただ一部の隊員は、行動の意味がわからず曖昧な状態でしたが、即座に反応して生き残ることができました。変化のスピードが速い時代に、誰かがうまくやるのを見届けてから後に続くという悠長なことは言っていられません。成功事例を待っていたら、焼け死んでしまうかもしれないのです。

この例が示唆していることは、予測不可能な問題が起きた時、これまでの経験や直感に従って反応し、戦ったり逃げたりするだけでは不十分だということです。結果がわからない不確実なアイデアであっても、それに挑戦し、実験することによって次の展開や流れがつくれると信じて行動することが大事なのです。行動を通じて、曖昧さや不確実性を受け入れられると気付くことができます。

熟考している時間はないことにも注目しなければいけません。RAPID ADAPTORとは、曖昧さを受け入れ、挑戦することで次の流れを見つけ、直感に頼らず実験を通じて行動を起こす人です。このような人が持っている特徴として挙げられるのは、曖昧であることを楽しむ気持ちや、新しい知識を積極的に取り入れる意欲を持っていることなどがあります。RAPID ADAPTORとは、自分のバイアスにとらわれず学び直しができる人なのです。

人材像③ CONFIDENT TEAMER（自信に満ちたチームビルダー）

3番目の「CONFIDENT TEAMER」を日本語で意訳すると、「自信に満ちたチームビルダー」となります。チームビルダーですから、現状の企業でいえば管理職、リーダーと呼ばれる人が近い存在かもしれません。ポイントは「自信に満ちた」にありますが、それは過去の成功体験による勘違いした自信や、根拠のない自信ではありません。そうした自信は、時にチームにとって有害になります。

「自信に満ちたチームビルダー」とは、チームを率いてメンバー全員で大きな目標を成し遂げることができるリーダーです。チームで大きな目標を達成するには、多様なメンバーからなるチームの力を最大限に高めていくことが欠かせません。従来の繰り返しをしていたのでは大きな目標に到達できないので、チームのそれまでのやり方を変え、さらなる効率化や生産性を引き出すことが必要です。

そうしたリーダーが持っているものは、いくつかあります。まず、謙虚さです。チームには多様な人がいます。チームをけん引していくということは、自分とは違う考えや意見を持っている人を大事にする謙虚さを持っていないと、人はリーダーについていこうとは思わないものです。

優れたファシリテーション能力も持っていないと、メンバーのポテンシャルを最大限に引き出し前に進んでいくことはできません。チームを前進させるには、メンバー一人ひとりに共感して思いやりをもって物事を進めていく、社交性のようなものが必要です。謙虚さを持っていながら、チームを前に進めていくファシリテーション能力に自信がある。そうしたリーダーの下であれば、多様なメンバーの能力が開花し、メンバー同士の関わりによって、予想もしていなかったような高みに登ることができるのです。

ファシリテーション能力はリーダーだけが持っていればよいというわけではありません。メンバーそれぞれがファシリテーション能力を持つことで、チームはさらに高みを目指すことができます。今後、ファシリテーション能力の重要性は企業においてさらに高まっていくと思います。

人材像④ PLAYFUL EXPLORER（遊び心のある探検家）

4番目の「PLAYFUL EXPLORER」とは、「遊び心のある探検家」と言えるでしょう。「遊び心」という言葉がここまでの議論になじまないように感じるかもしれませんが、例えばあなたが仕事において単調な日々の繰り返しから満たされない気持ちになったとき、また、猛烈に仕事をして燃え尽き症候群になってしまったり、職場の対人関係に悩んだりしたとき、どうやったらそこから抜け出せるでしょうか？

実は特効薬があって、それは「子どものような好奇心」を持つことだとされています。つまり、「遊び心」というわけです。放っておいても、子どものような好奇心を持ち、知識をひたすら追い求める人がいます。彼らは単なる学習者ではなく、メタ学習者、つまり効果的な学習方法を理解し、他の人々にも学習への情熱を育む手助けをする人です。彼らは、新しい経験や洞察を常に求め、オープンな心と遊び心をもって課題に取り組んでいます。そのように好奇心を刺激する方法を模索し続ける探検家であれば、常に学習し続ける「生涯学習者」になれるのです。

遊び心は、仕事や教育の現場では軽視されがちですが、実はイノベーションや創造性を生み出す強力な触媒となるものです。失敗を恐れずに探究や実験を行うことを自分に許せば、新しい可能性や洞察への扉が開かれます。遊び心のある探検家は、この考え方を活用し、自らを絶えず進化させ、適応させ、また他の人々にも同じことをするように促します。

テクノロジーと社会のニーズが絶えず変化する世界では、素早く学習し適応する能力は非常に貴重です。「PLAYFUL EXPLORER」は、新しい情報を学ぶだけでなく、こうした変化にうまく対応することができます。この適応能力により、不確実性や変化に直面しても弾力性を持ち、チームや組織にとって貴重な人材となります。

人材像⑤ TECH WRANGLER（テックの達人）

５番目の「TECH WRANGLER」とは、日本語で「テックの達人」となります。技術の進化が先行している現在、企業はデジタル人材を育成し、技術に強い人材を育てようと取り組んでいます。でもそれは、特定の技術に依存した能力にすぎません。今は、技術が急速に進化し、次から次に新たな技術が登場する時代なのです。

「テックの達人」というのは、コードが書けるエキスパートのような人材を意味するのではなく、技術に対する考えや向き合い方、姿勢に特徴があります。「人の一部としてＡＩが存在する」と書きましたが、人の一部として技術を取り入れ、相棒として付き合っていくようなマインドセットです。

そして基本的な技術の成り立ちや、基本的なデータの取り扱いなどを理解したうえで、技術を活用する計画を戦略的に練り、テクノロジーとビジネス戦略のギャップを埋めるプロフェッショナルです。彼らは単なるＩＴスペシャリストではありません。

最先端のツールと組織の目標の複雑な関係を理解している、多才でテクノロジーに精通した人材です。

何度も指摘しているように、技術はこれからも進化をし続けます。その動きは不可逆であり、「アナログ人間だから技術は苦手」といったスタンスは早く捨て去るべきです。ＡＩのような高度な技術であっても、その特性を知っているだけで、「ＡＩは嘘をつく（ハルシネーションと言います）ことがあり、これは間違った情報だ」と見抜くことができるのです。

テックの達人は、新たな技術であっても適切に評価し、特性から技術の本質を見抜き、新しい技術をどのように活用すべきなのか、その戦略を立てることができます。新しいテクノロジーを統合し、複雑な問題を解決し、組織全体がデジタル・トランスフォーメーション（ＤＸ）の恩恵を受けられるようにするために不可欠な存在なのです。

人材像⑥ REFLECTIVE STORYTELLER（思慮深い語り手）

最後の「REFLECTIVE STORYTELLER」とは、日本語では「思慮深い語り手」となります。

日々の仕事においても、日常生活においても、振り返りが大事とされています。自分は何を学んだのかとリフレクション（内省）することにより、次にそれをどう生かせるかと考えることができるのですが、実は自分の中で自己完結していてはダメなのです。自分なりの考えや結論を他人と共有し、人からフィードバックを受け取ることによって、自分の成長を促すことが可能になります。

そのためには、人と共有するステップを省いてはならず、そのために「語り手」にならねばならないのです。人に自分の考えを伝え、フィードバックを引き出すには魅力的なストーリーとして語らねばなりません。だから、「思慮深い語り手」なのです。

思慮深い語り手は、コミュニケーターとしての要素もあります。新たなアイデアを思いついた時、魅力的な物語として人に伝えます。そうすることで得たフィードバックは、自分とは違った角度から見た示唆であり、その示唆をもとに見ている世界の違いを明確にし、適切にナビゲートできるようになるのです。

「REFLECTIVE STORYTELLER」は、あらゆる事から学習する方法を知っています。これは、ビジネスの成長を促す重要な「学習し続ける組織」のあり方にとって、常に必要不可欠な存在であることを意味します。彼らは企業が複雑な状況を乗り切る手助けをし、潜在的な課題をイノベーションの機会へと変えたり、新たなビジョンを描いたりすることができます。

「好奇心」や「勇気」を強調している

6つの人材像の共通項は、

1・様々な事象の基礎的なことを理解する。
2・全体を俯瞰するマインドセットを構築する。
3・挑戦し、変化を起こし、勇気を持つ。

となるでしょう。総じて、「好奇心」や「勇気」という人間にとってかけがえのない能力を強調しています。

「好奇心」は私たちに質問を投げかけ、新しい経験を求め、絶えず学ぶように駆り立ててくれます。それは、新しい発見で、何かイノベーティブなものにつながる光のようなものかもしれません。現状にとらわれず、既存のプロセスに挑戦し、失敗を恐れずに新しいアイデアを探求することが大事だと教えてくれます。

「勇気」によって、未知の世界に足を踏み入れ、リスクを取り、不確実性を受け入れようとします。すべての試みがすぐに成功するわけではないことを理解したうえで、新しい領域に踏み出すことは、貴重な学習経験になります。

2-3 ＡＩにはできない人間の中核的な能力

前節で紹介した6つの人材像は、２－１で示した「これからのビジネスパーソンに求められる能力」（「問題発見力」「的確な予測」「革新性」「次々と登場する新技術を習得する能力」）を身につけているといえるでしょう。

では、ハイパーアイランドの卒業生は、どうやってそうした能力を身につけたのでしょうか。ハイパーアイランドは「ＡＩ時代に適応する人材」を育成するに際し、「ＡＩにはできない人間の中核的能力」に注目しています。

次は、ここを掘り下げていきます。

「AIは歴史である」（ビビアン・ミン）

ＡＩはこれからも進化を続け、ほとんど完璧なものに近づいていくように見えますが、「ＡＩにできないことは何か?」と尋ねたら、「ＡＩには感情がない」「ＡＩには経験がない」「ＡＩには魂がない」と答える人は多いでしょう。ＡＩは完璧ではありません。もちろん、人間も完璧ではありません。そもそも完璧なものはこの世に存在しませんが、ＡＩも人間も、どちらも完璧ではないことを改めて認識する必要があると思います。

ＡＩが完璧でないから人間の果たす役割があり、人間も完璧でないから学び、本質的な（＝中核的な）能力を磨く必要があるということです。

先駆的な研究内容や稀有な経歴で注目を集めているビビアン・ミン博士は、トランスジェンダーの神経科学者にしてＡＩ研究者です。大学で研究して教鞭をとるだけでなく、ＳＮＳや世界各地でいろんな質問や疑問に答える活動をしている他、米国のホワイトハウスで提言も行っています。

博士との対話の機会があった際、こんな興味深い話をしてくれました。

「スマホが登場して以降、人間の脳は神経学的に健忘症の状態となっています。これは地図アプリに頼って道を覚えず、記憶に関わる部分が弱くなっていることなどを指摘しています。これを克服するために有効な手段は、新しい言語を習得することと楽器を演奏することです」

確かに私たちはスマホを手にするまで、相手の電話番号や誕生日などを記憶していたと思います。テクノロジーによって人間の脳が弱くなっているとは、思いもしませんでした。

また、博士はこんなことを言っています。

「あなたが労働市場にもたらすことのできる最も価値あるものは、コードが書けることでも、契約書が書けることでもない。未知なるものを探求し、それについてユニークなことを語る能力なのだ。それはＡＩにできることではない。ＡＩは歴史だからだ」

「ＡＩは歴史である」とは、ＡＩはこれまで人間が発明したことや書き残したアイデアなど、インターネット上にあるあらゆるデータを学習しており、それらは言い換えれば人間の歴史なので、「ＡＩは歴史（＝過去）である」という意味です。この言葉を深く考えていくと、人間としての中核的価値は「生きた経験に基づいて、未来を創る力である」というところにたどり着きます。

「価値ある問い」は「ＡＩの価値」を高める

現在のＡＩは、インターネット上の膨大なデータを活用してディープラーニングという高度な仕組みで学習しています。生成ＡＩは与えられたデータ（問い）に対して、新しいデータ（答え）を作り出すことが可能です。その「答え」が正しいかどうかはおいておいて、現在のＡＩはどんな問いにも答えることができます。

どんな問いに対しても答えられる能力はすばらしいですが、問いがあってこそ答えられる、問いがあってこそＡＩは能力を発揮できるのです。さらに言えば、ＡＩの能力を発揮させるには、どんな問いをするかに依存します。どうでもいい問いばかりを投げかけていれば、ＡＩはその能力を発揮することはできません。「価値ある問い」を投げかけてこそ、ＡＩの価値が高まるのです。「価値ある問い」は、「ＡＩの価値」を高めるのです。

では、その「問い」はどこからやってくるのでしょうか？　それは、今のところ人間にしかできないことです。回答者がＡＩ、質問者が人間なのです。

そこで新たな疑問が生まれます。「価値ある問い」は何によってもたらされるのか？その疑問の答えは、人間の「生きた経験」です。その理由を４つ挙げます。

①洞察と理解の深化

人間の持っている生きた経験により、複雑に入り組んだ人間関係や、過去に乗り越えた困難な経験などを通じて、そうしたことの裏側にある、当事者自身も気付いていない問題や感情などに気付くことができるのだと思います。それにより、「この人はこういうふうに思っているのではないか」「こういうこともあるのではないか」といった洞察ができ、それが「価値ある問い」をもたらすと考えられます。

②感情的つながりと共感

人との出会いには、人同士の感情的なつながりが伴います。それは自分が過去に直接出会った人だけでなく、他者の経験談を聞いた場合でも、そこで起きた出来事に共感することもあるでしょう。そうした人同士の「感情的なつながり」や「共感」は、人が独りでいるだけでは気付けない何かに気付き、問いを深めてくれます。

③現実への洞察と実践的な問い

人には感情があり、理想論だけではうまくいかないことがあります。理想論としてはわかりますが、実際の生活に落とし込んでみると、現実にあるしがらみなどの課題に直面することもあります。そうした状況を踏まえて理想論を現実に落とし込んでいくことで、実践的な問いが生まれます。人間はアジャストすることが可能ですが、それは言語化できないものが多いので、AIは現実問題など踏まえずに理想論で突き進んでいってしまいます。つまり、実践的な問いというのは、AIにとっても価値ある問いなのです。

④価値観と目的の形成

人は「生きた経験」によって、それぞれ違った価値観を形成しています。その価値観という基盤があることによって、より深い意味を持つ問いが生まれたり、新しい洞察が生まれたりするのです。

年長者にアドバンテージあり

「生きた経験」を重ねれば重ねるほど、ＡＩへの「価値ある問い」の源泉になるのです。「価値ある問い」を生み出せるというのは、人間にしかできないこと、つまり、「人間としての中核的価値」になります。

経験の積み重ねはある程度年齢に比例しますので、ＡＩに価値ある問いを投げかけるという意味においては、年老いて成熟していることは有利、「年長者にアドバンテージがある」ということです。「勉強熱心な若者はＡＩの価値を引き出せないのか？」と指摘する読者もいるでしょう。それに対して「そうです」と言うつもりはありません。ただ、「年齢を重ねている人は、おそらく若者より多くの失恋を経験しているだろう」と言っているだけです。

「ＡＩ時代に求められるビジネスパーソンの能力開発において、年長者にアドバンテージがある」。これが本章を通して見えてきたことです。

第3章

メタスキルとサードエイジ

3-1 未来に求められる能力「メタスキル」

前章までの議論で、次の2点を導きました。

・AI時代に求められるビジネスパーソンの能力とは、「問題発見力」「的確な予測」「革新性」「次々と登場する新技術を習得する能力」である。
・それらの能力の開発において、年長者にアドバンテージがある。

本章ではこの2点を一般化し、その意味するところを理解していきたいと思います。本節では、「AI時代に求められるビジネスパーソンの能力」についてです。

「よりロボット的になることではなく、より人間的になる」

デザインの専門家であるマーティ・ノイマイヤーは、人の仕事が技術に置き換わっていく現状を踏まえ、人がコンピューターのようになるのではなく、人が本来身につけるべきスキルは何かを考察した結果として、「メタスキル」を提示しています。

マーティ・ノイマイヤーは著書『META SKILLS』の中で次のように語っています（日本語に訳し、要約して示します）。

私たちは、産業時代の始まりと同じように、実際のパラダイムシフトに直面していますが、これは私たちの生涯においては新しいことです。私たちが怖がるのは、自分のスキルが不十分だと感じているからです。

しかし、時計の針を止めることはできません。人類の歴史の長い流れを見てみると、ますます技術の発展に向けてかなり着実に前進していることがわかります。私たちがしなければならないのは、よりロボット的になることではなく、より人間的になることです。メタスキルは、キャリアの陳腐化に対する最善の防波堤となります。

マーティ・ノイマイヤーの主張はハイパーアイランドの「ＡＩにはできない人間の中核的能力」と共通しており、ＡＩ時代に求められるビジネスパーソンに求められる能力と「メタスキル」は同じものを目指しているといえます。

では、メタスキルとはどんなスキルなのでしょうか？

仕事で必要な「第3のスキル」

仕事に必要な人のスキルを俯瞰すると、**図表3－1**のようになります。

各種理論や手法、ツールの習得などを「ハードスキル（Hard Skill）」、対人関係をうまく進めて交渉するヒューマンスキルなどを「ソフトスキル（Soft Skill）」と呼びます。

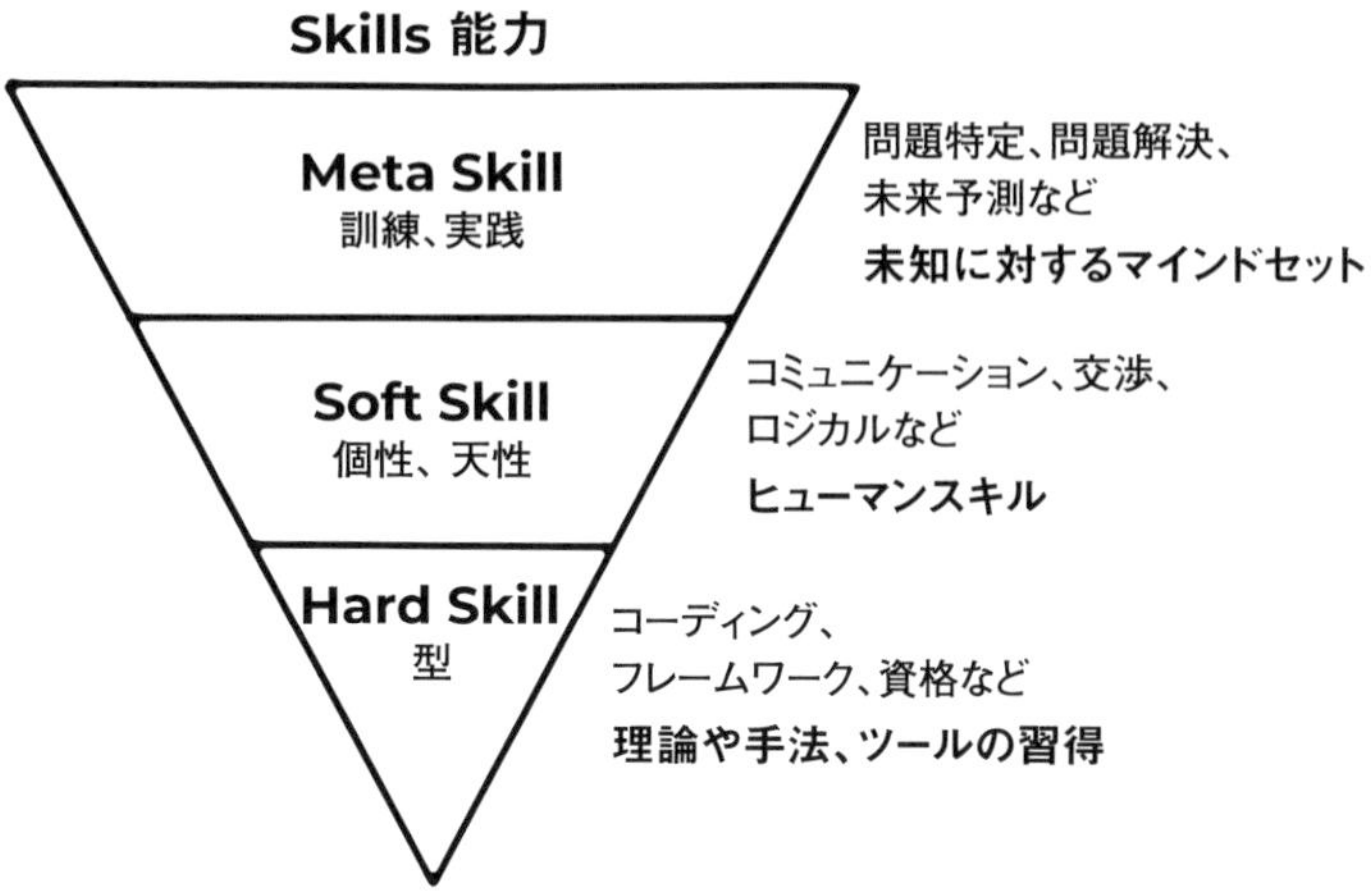

図表3-1　仕事に必要な人のスキル

ビジネスパーソンは、これまで主にこの2つのスキル習得に努めてきました。これらに続く第3のスキルとして、「未来人材ビジョン」で示しているような「問題解決力」や「未来予測力」など、未知のものに対する「メタスキル（Meta Skill）」があります。

ハードスキルは「型」があるので誰でも学習できますが、ソフトスキルは個性や持って生まれたものが大きく影響します。メタスキルは訓練や実践で身につけたり強化したりすることができますが、「簡単には身につけられない」とも指摘されています。これは、才能があるかないかは生まれつき決まっているのではなく、努力次第で遺伝子を凌駕するというニュアンスに近いものです。習得に時間がかかるものだとしても、いつでも始められます。

メタスキルの5つの要素

マーティ・ノイマイヤーは、メタスキルには5つの要素があるとしています。

①Feeling（感じ取る力、共感力と直感力）

Feelingとは、傾聴することで共感し、直感的に感じる力のことを指し、「社会的知性を含む能力」とされています。イノベーションのプロセスに不可欠な前提条件であるFeelingは、学習、直感、共感の中心であり、理性的な脳では理解できない膨大なデータセットの意味を感じ取ることを可能にします。

②Seeing（見通す力、システム思考）

Seeingとは、一見するとバラバラの存在であっても、実際はそれぞれの事象にはつながりがあると見抜く「思考全体を見る能力」とされています。システム思考によって世界全体がどのようにつながっているのかを見ることができます。FeelingとSeeingは感情と理性のように補完的なスキルであり、このバランスが取れているときに最も効果的に機能します。

③Dreaming（夢見る力、実践的な想像力）

Dreamingとは、想像力を働かせ、不思議に思うことや驚きを発展させて考える力で、「オリジナリティーや違いを生む能力」とされています。これは、多くの国の教育システムで失敗していることの一つです。多くの国では、学習者は正確で正しい答えを出さねばならないと思い込まされており、「What If?（もし～ならどうなる？）」「What Next?（次はどうなる）」というような想像力を働かせる考え方をしません。こうした想像力こそが人としての特性であるにもかかわらず、私たちはそれをあまり発展させてきませんでした。

④Making（実現する力、デザイン力）

Makingとは、デザインして実際にモノをつくることを指し、「プロトタイプ考案を含む設計プロセスの能力」とされています。ここでデザインとは、美しさやモノづくりのことだけでなく、複雑な問題解決のことでもあります。実際に外に出てテストを実施し、ソリューションを構築する力です。

⑤Learning（学ぶ力、新しいスキルを習得する能力）

Learningとは、前記４つと組み合わせて進める「独学の能力」のことです。メタスキルではこれが最も重要とされ、学習者自身が学び方を学び、自ら学ぶようになることを指しています。

メタスキルを習得するというのは、知識をただひたすら追い求めて賢くなることではなく、自信をもって「私は何でも学ぶことができる」と言えるようになることなのです。メタスキルの特徴をひと言で表せば「学ぶための学習スキル」といえます。生涯学習を促進し、積極的に新しい知識や能力を習得する能力です。これは、次々と登場する新技術を習得するのにふさわしいスキルです。

メタスキルで「問題発見力」「的確な予測」「革新性」が得られる

マーティ・ノイマイヤーは著書『META SKILLS』において、メタスキルを習得することで、次のことが可能になるとしています。

- 個人と仕事を進化させる礎石として機能し、変化を成長の機会として受け入れる力をもたらします。
- 個人がレジリエンス、好奇心、適応性のマインドセットを培うことで、急速に変化する社会の複雑さを乗り切ることが可能になります。
- 創造性や未知の探索といった複数のレンズを通じて体験したり考えを構築したりすることで、革新的な潜在能力を開花させるだけでなく、社会の集合知に貢献し、進歩を促し、独創的な解決策で課題を解決することができるようになります。

- 自動化とＡＩが市場を再構築する中、人間と機械の協働を強化し、ＡＩ技術に適応するために不可欠な社会的情緒的態度や資質を重視し、人間味を提供します。
- 従来の考え方の枠を超える力を与え、多様な視点を探求し、個人と仕事の両方の領域を豊かにする継続的な改善の文化を育みます。

使っている言葉こそ違いますが、ここには「問題発見力」「的確な予測」「革新性」が明らかに含まれています。また、メタスキルは「学ぶための学習スキル」です。

これらから、「ＡＩ時代のビジネスパーソンに求められる能力とはメタスキルである」、本書ではそう主張したいと思います。

3-2 メタスキル人材に有利な「サードエイジ」

本節では、2－3で導いた「AI時代に求められる能力（＝メタスキル）の開発において、年長者にアドバンテージがある」について、一般化します。

メタスキルは学ぶためのスキルですから、ただ年を重ねていればいいというわけではなく、学ぶ意欲は当然必要です。「学ぶ意欲がある年長者」となれば、歴史学者ピーター・ラスレットが唱える人生の第3期「サードエイジ」に注目せざるを得ません。

ラスレットは人生をファーストエイジ、セカンドエイジ、サードエイジ、フォースエイジの4段階に区分しました（**図表3－2**）。

図表3-2　ラスレットが区分した人材の4段階

段階	概要	キーワード
ファーストエイジ	教育を受け社会化される時期	依存、社会化、未熟、学習
セカンドエイジ	家庭や社会において責任を担う時期	独立、成熟、責任、就労
サードエイジ	人生の最盛期。自己達成の時期。アクティブに活動でき、子育てに従事しない	個人の達成と充実
フォースエイジ	依存や老耄の時期	依存、老耄、死亡

これまではセカンドエイジが人生の全盛期とされてきましたが、ラスレットはサードエイジこそが人生の最盛期だと位置付けたのです。その背景にあるのは人の寿命が延びたことです。人の寿命が延びてもファーストエイジやセカンドエイジの期間はあまり変わらず、その分、サードエイジの期間が延び、「自己達成の時期」が充実して人生の最盛期になっているというわけです。

なお「エイジ」という名称ですが、ラスレットは、何歳から何歳までがサードエイジだと画一的に決めることには反対しており、あくまでも、個人が決めることが大事だとしています。その考え方を尊重したうえで、便宜的に日本社会でのサードエイジを年齢で示すと、50代と60代になるでしょう。大手企業に勤めていれば、役職定年を迎えた世代と、定年後再雇用制度で働いている世代が該当します。

サードエイジはセカンドエイジよりも多様なタイプが存在し、すでにメタスキル人材であり、好奇心を持ち自ら前向きに学んで価値を創出できる人もたくさんいます。一方でこれまでそのような機会を与えられず、そもそもそのような観点すら持っていない人もたくさんいるのです。

サードエイジ（ここでは50代と60代）は人生経験豊富なことは言うまでもありません。若者に比べてＩＴなどの技術に疎いと思われがちですが、そうしたステレオタイプな見方ほど愚かなことはありません。人はいくつになっても学べるもの、学ぶ意欲があるかどうかの問題です。

そして、知的長寿（intellectual longevity）という観点が大事になってくるのです。遅咲きの作曲家や作家は、神童よりも長生きするという研究結果がありますが、クリエイティブにおける知的成熟と長寿には何かしらの関係があり、学ぶための学習スキルであるメタスキル構築を始めるのに遅いということはないのです。

メタスキルは未来を生きるすべての人にとって重要です。全員が習得すべきものですが、生きた経験によって価値ある問いを生み出せるサードエイジは、メタスキルの習得によってさらなる価値創出ができる可能性が高く、これからの組織において最も期待されるべき存在と言っても過言ではないでしょう。

第4章

日本企業の逆転戦略

4-1 日本企業の現状

前章までの議論を踏まえ、日本企業がどういう戦略を取るべきなのか、探っていきたいと思います。まず、前提となる日本社会の現状について整理しておきます。

日本社会の人口動態

図表4－1は2023年10月時点の日本の人口ピラミッドを示しています。総務省統計局によると、2023年10月1日現在の日本の総人口は1億2435万人で、少子高齢化が進んでいることから総人口は減少し続け、前年同月から59・5万人減少しています※。

※ https://www.stat.go.jp/data/jinsui/2023np/

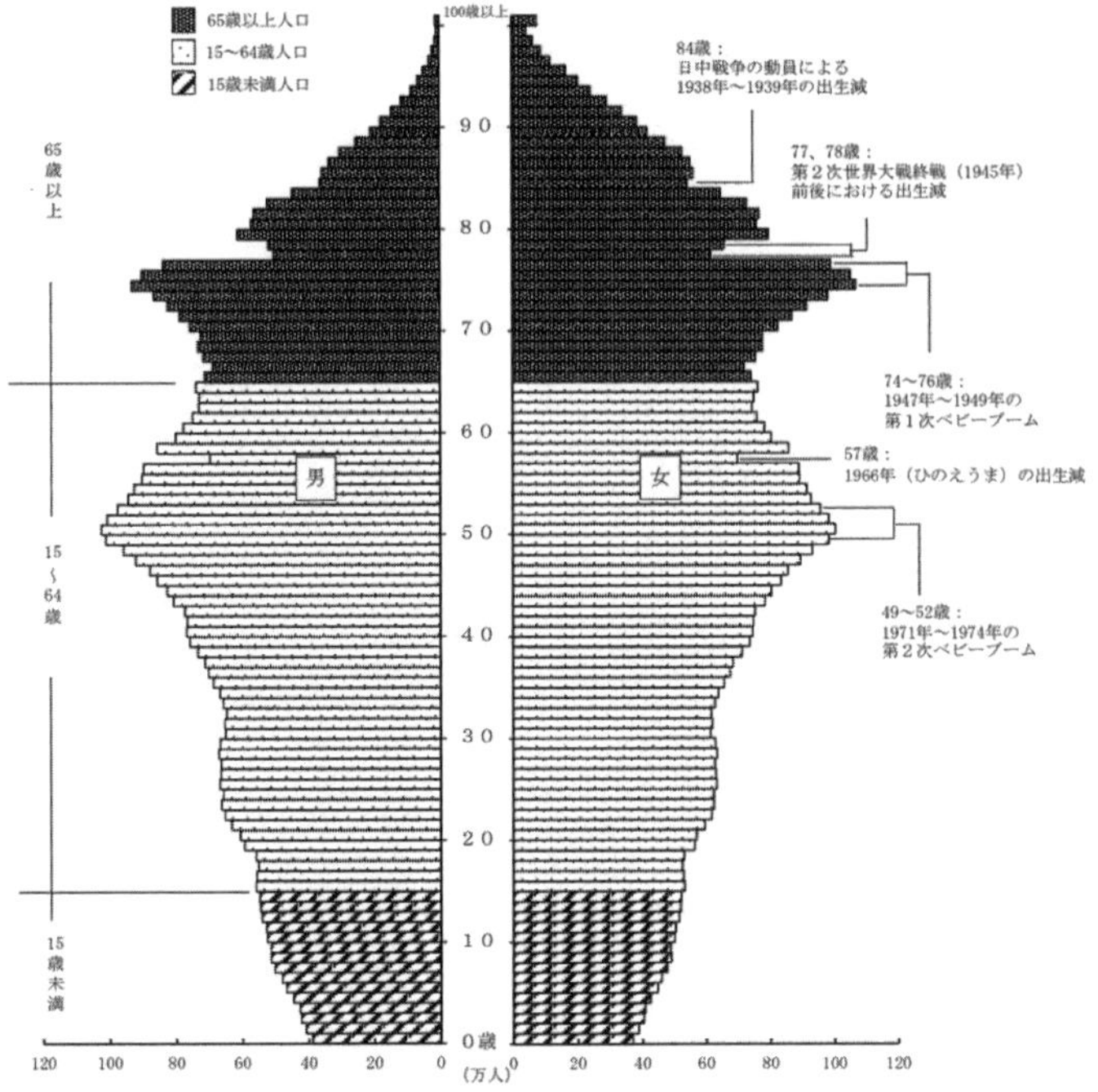

図表4-1　日本の人口ピラミッド

出所：総務省統計局（https://www.stat.go.jp/data/jinsui/2023np/）

この傾向は加速することがほぼ確実で、厚生労働省によると２０２３年の日本の合計特殊出生率（15～49歳までの女性の年齢別出生率を合計したもの）は1.20と過去最低を記録しています※。政府は政策を総動員して子どもの数を増やそうとしていますが、状況が改善するきっかけすらつかめていないのが実情です。

※　https://www.mhlw.go.jp/toukei/saikin/hw/jinkou/geppo/nengai23/dl/gaikyouR5.pdf

企業からすると、日本の人口減少は国内市場の縮小を意味しますが、世界の人口は増え続けています。特にインドや東南アジアの国々の発展は目覚ましく、世界視野で見れば市場が拡大する可能性が高いと言えます。

日本企業にとって無視できないのは労働力人口（15歳以上の人口のうち、就業者と完全失業者を合わせた人口）です。総務省統計局によると、２０２３年の労働力人口は平均６９２５万人です。前年に比べて23万人増加していますが、男性に限ると４万人減少しています※。増えているのは女性で、これは昨今の政策誘導によるものだと考えられます。

※ https://www.stat.go.jp/data/roudou/sokuhou/nen/ft/pdf/gaiyou.pdf

先に示した人口ピラミッドを見ても労働力人口が減少するのは間違いなく、すでに外国人に頼らないと成り立たない業種もありますが、政府は移民に対して積極的な態度をとっておらず、企業にとっては従業員の確保すらままなりません。

ここで示したことは、日本企業の人材戦略を考えるうえで、見過ごすことのできない事実です。

日本企業の人事施策

日本企業では一定の年齢に達すると退職する「定年制」を採用しています。「高年齢者雇用安定法」で60歳未満の定年が禁止され、「高年齢者等の雇用の安定等に関する法律（高年齢者雇用安定法）」により、事業主は「65歳までの雇用確保」が義務付けられています。また、２０２１年４月の法改正により、「70歳までの定年延長」が努力義務となっています。

そもそも、定年制は万国共通の制度ではありません。欧米では年齢で就業者を差別することを禁じている国が多く、一定の年齢に達すると一斉に退職するというのは、世界の常識ではありません。

労働力を確保するために、国は定年延長の方向で法律を改正していますが、長年の慣習は簡単には変わりません。多くの企業では一定の年齢に達すると一線を退く役職定年制度を採用しています。その年齢は企業によって異なりますが、50代の多くが該当していると推定されます。

役職定年になるということは、これまでの役職を外れて一般の社員として働くということです。当事者からすれば、これまで尽くしてきた会社から「もう戦力として見ていない」と告げられたように感じる人が少なくありません。その結果、企業のコマとして働かされることにうんざりし、モチベーションを維持することが難しく、日々進化する技術についていける気がしないなど、積極的に業務に取り組めなくなるのは珍しいことではありません。

とはいえ、企業の人事部門からしたら、若手を抜擢して組織に活力を生み出したいと考えるのは当然のことです。最近の企業のトレンドは、若手従業員を中心にＤＸ人材を育成し、デジタル化で業務変革をはかり、生産性を高め、同時に新たなビジネスも探っていくことです（このアプローチは有効ですが、特定のデジタルツールに依存したスキル開発に注力してしまうと短期的には効果を発揮するも、少し長いスパンで見ると、的を射たものではないことを第2章で示しました）。

多くの企業の人事部門は、将来を担う若手を中心に人材育成を進めています。50代60代の従業員については「給与とパフォーマンスが合っていない」と見ており、お荷物と言えば言い過ぎかもしれませんが、どのように処遇すればいいのか、人事部門は頭を抱えているのが実情です。

ここで、2023年時点の就業者数を年齢10年刻みで示すと、次のようになります。

15～24歳　562万人
25～34歳　1114万人
35～44歳　1288万人
45～54歳　1631万人

55～64歳　1237万人

参照　https://www.stat.go.jp/data/roudou/sokuhou/nen/ft/pdf/gaiyou.pdf

50代60代の従業員が会社のお荷物だとしたら、この数字は日本企業の先行きを悲観させます。日本企業にとって最大の「弱み」と言わざるを得ません。

4-2

弱みを強みに変える戦略

ここまでの議論において、次の3点を示しました。

- これからの時代、企業の提供価値を高めるのは「メタスキル人材」である。
- 50代60代がメタスキル人材となれば、さらなる価値創出が期待できる。
- 日本企業には50代60代が多く存在し、それが「弱み」と認識されている。

この3点から、日本企業がなすべきことを明らかにします。

サードエイジは新時代の「強み」

人事部門の担当者が「50代60代の従業員がお荷物で戦略を描けない」と思っているのだとしたら、その考えを改めるべきです。50代60代の従業員は、メタスキル人材に一番近い、これからの時代を切り開くことができる人材の原石なのです。

50代60代の多くの人材をメタスキル人材に変えることができれば、日本企業にとって最大の武器になります。最大の「弱み」を、最大の「強み」に変えることができるのです。これは、AI時代に日本が世界のトップに立てる逆転の戦略と言えます。

ここで、改めて2023年時点の就業者数を見てみましょう。先ほどはお先真っ暗に見えたかもしれませんが、同じ数字が希望に見えないでしょうか？

15～24歳　562万人

25～34歳　1114万人
35～44歳　1288万人
45～54歳　1631万人
55～64歳　1237万人

　日本にはこれだけの数のサードエイジがいるのです。もちろん、ラスレットが言うように、サードエイジとは年齢だけで決まるものではありません。学ぶ意欲があってこそサードエイジといえるのですが、未来をつくるのがサードエイジだとすると、日本ほどポテンシャルの高い国はないともいえます。

　新たなスキルを身につけた50代60代を人事制度の中でどのように処遇するのかなど、考えるべきことは山ほどあります。しかし、役職定年や定年後再雇用などの従来の枠組みでは、既存ビジネスを継続するだけでも日本は人手不足が明白です。ＡＩ時代に逆転するどころか、世界のスピードについていくのが精いっぱい、というのが多くの企業の本音ではないでしょうか。

幸い、日本には新時代に活躍できる人材予備軍がいるのです。「サードエイジをメタスキル人材に育成して世界をリードする」――。日本企業が取るべき優れた人材戦略は、これであるように思います。

本書の結論はこの戦略であり、この戦略を読者と共有するために本書を書きました。この後、この戦略をビジネス面で検証したうえで、次章以降ではこの戦略を実現するために必要な方法論を解説します。

AI時代を見据えた世界の取り組み

高齢者の処遇というのは、日本だけの問題ではありません。医療の発達などで、世界中の国が高齢化に突き進んでいます。世界には日本以上に高齢化に突き進む国もあります。定年制は世界標準ではないと書きましたが、人の寿命が長くなり、役職にとらわれず50代60代がバリバリと仕事をする、そんな社会をつくることができたら、世界のモデル国になります。

例えば、ＡＩ教育で世界の先頭を走るシンガポールは、40歳以上に向けた新たな施策を打ち出しました。どんな国も経済圏もＡＩがもたらす変化から逃れることはできないとして、40歳以上のシンガポール国民に大学で学び直しをするための教育補助金を制定したのです。もちろん大学ではＡＩについて多くを学ぶはずで、そうすることで国として競争力が高まると考えているのです。

なぜ40歳以上かといえば、大学を卒業してから20年もたてば、学ぶべきことは様変わりしているからです。中高年がＡＩなど新たな技術を前にすれば不安になるのは当然なので、そこで新たな技術を避けるのではなく、新たに学ぶ機会を与えているのです。

さらに重要なことは、40歳以上の中高年と20歳前後の若者が共に学ぶ場をつくることだといいます。中高年は経験があり、ライフスキルなど生きた知恵を持っています。

それを教室に持ち込むことで、若者がそれらを学ぶことができます。中高年は若者と共に学ぶことで、新たなスキル習得に積極的になるでしょう。共に学べば、将来にわたって中高年と若者の新たなネットワークも生まれます。

もし、日本企業がサードエイジを育成してメタスキルを高め、それによってＡＩ時代の企業の能力を高めることができると証明できたら、世界の企業がこぞってまねをするでしょう。「50代60代の従業員をメタスキル人材へと育成する」というのは、挑戦する価値の高い戦略だといえます。

4-3 ビジネス視点で検証

前節で示した戦略は、人事施策の面から立てたものです。そこで、その戦略がビジネス視点で有効なのかを検証します。日本企業の「これまで」と「これから」について分析し、「50代60代の従業員をメタスキル人材へと育成する」という戦略が理にかなっているのかを議論します。

世界市場で存在感のない日本企業

トップ集団から脱落した日本企業

バブルがはじけた後、日本経済は「失われた30年」といわれる不景気な時代を過ごしてきました。世界市場での存在感はどんどんと失われ、世界時価総額ランキングなど、各種指標で日本企業が高く評価されることはほとんどありません。ビジネスをマラソンのレースにたとえると、日本企業は序盤調子が良かったものの失速し、現在はトップ集団の姿も見えない位置に下がってしまった状況です。

先行きを考えたとき、人口が減っているので国内市場は小さくなります。それでも人は「将来良くなる」と期待できるならお金を使いますが、将来は期待より不安が強いので、たとえ国が選挙対策でお金をばらまいても貯金に回るだけです。

日本は人口ボーナスが期待できない以上、経済を良くするには企業が強くなるしかありません。ただ世界の投資家は、日本にはゾンビ企業が多くあると指摘しています。ゾンビ企業とは、採算が取れていないが事業撤退をせず市場にとどまる企業のことです。日本企業は暗い穴の中でじっと生き続けている、そう見られているのです。

現在はインターネットが世界をつないでくれているので、ビジネスには国境がなく、ＡＩなどの技術が進化したことで言葉の壁もなくなりつつあります。大手に限らず中堅・中小の企業、できたばかりのスタートアップなど、すべての企業に世界の市場は開かれていますが、世界で存在感を示す日本企業はほんのわずかです。

日本企業が先行していた商品・サービス

マクロ的に見れば前記のようになりますが、少し丁寧に見ていくと、日本企業の商品・サービスにはすばらしいモノがあり、開発力において世界に劣っていたわけではありません。ただ、日本企業が先行していたものの、世界を席巻したのは別の企業というケースが散見されるのです。いくつか例を紹介します。

プロット 対 フィグマ

１つ目は、日本のグッドパッチ社が開発した「プロット」です。モバイルサイトやアプリのプロトタイピングツールで、ベータ版の公開を始めたのは２０１４年４月です。サイトやアプリを開発する際、ディレクター、エンジニア、デザイナーなど複数のメンバーが関わります。そうしたメンバー間のコラボレーションをネットを介してスムーズに進め、アイデアを素早く形にできることが特徴です。コードを書かなくても動作するプロトタイプをつくれるので、プロトタイプをもとにフィードバックを得て新たなプロトタイプを提供するというループを高速に実施可能です。しかし、2024年8月にサービスを終了しました。

一方で、プロットと同様のサービスを提供する米国のフィグマ社は、アドビ社に200億円で買収されるとの発表がありました。フィグマがプロトタイピングツール（同社はホワイトボードツールと呼ぶ）「フィグジャム」（後にフィグマ）を発表したのは2021年4月のことです。明らかにプロットが先行していましたが、プロットはサービス停止となり、フィグマは200億円で買収されるという結末になりました。フィグマはアドビの下で生成AIを搭載するなど、さらなる機能強化が進められています。

チャットワーク 対 スラック

2つ目に紹介したいのは、日本のクベル社が提供するクラウド型のビジネスチャットツール「チャットワーク」です。仕事で使うことを想定したチャットツールで、メッセージのやりとりの他、タスク管理やファイル共有、ビデオ通話なども可能です。サービスローンチは2011年と早いのですが、多くの人は、ビジネスチャットといえば「スラック」を想起するかもしれません。こちらは米国スラックテクノロジーズ社が提供するサービスで、ローンチは2013年とチャットワークよりも後発です。しかし、数年の間にグローバルで爆発的に成長しました。

ミクシィ 対 フェイスブック

3つ目は、日本のミクシィ社が提供するSNS（ソーシャル・ネットワーキング・サービス）です（サービス名は企業名と同じ）。日本のSNSの火付け役で、国内では爆発的に人気がありましたが、世界に広まることはありませんでした。世界で人気を誇ったのはフェイスブック（メタ・プラットフォームズ社）です。フェイスブックとミクシィのサービス提供はほぼ同じ２００４年2月。ミクシィはフェイスブックの後発だったわけではありませんが、現在の２つのサービスは比ぶべくもないほどです。

オロナミンC 対 レッドブル

最後にもう一つ挙げたいのが、大塚製薬の「オロナミンC」です。この話のスタートには大正製薬の「リポビタンD」が登場します。リポビタンDは指定医薬部外品の栄養ドリンクで、オロナミンCは炭酸飲料という違いがあります。リポビタンDもオロナミンCも１９６０年代に日本で発売されますが、同様の商品で現在世界を席巻しているのは１９８０年代に発売された「レッドブル」（発売はオーストリアのレッドブル社）です。国内でも高い認知度を誇ります。

実は、レッドブルはもともとタイで流通していた商品で、その商品は大正製薬のリポビタンDをヒントに開発されたものなのです。レッドブルの国際的な販売権をオーストリア人が保有し、優れたマーケティング戦略で世界に広げたのです。レッドブルは炭酸飲料ですので、比較するとしたらオロナミンCかと思いますが、レッドブルとオロナミンCの世界市場での売り上げは比較できないほどの差になっています。

なぜ、世界市場を勝ち取れなかったのか

プロット、チャットワーク、ミクシィ、オロナミンCはなぜ世界市場で負けたのでしょうか。「商品は良かったがマーケティングで失敗した」「日本で成功してから世界に出ると、日本での成功がバイアスになってしまう」など、いろいろな分析がありますす。どれももっともな感じがしますが、「なぜ世界を相手にマーケティングをしなかったのか」「なぜ日本市場を先行したのか」を突き詰めて考えると、結局のところ「その時、それが大事だと思わなかったから」となるのではないでしょうか。

それぞれの商品・サービスが開発された時点に立ち返って、後から「正しかった」と判断できる選択をするのは簡単なことではありません。私自身が前述の商品担当者

だったとして、「できたか？」と問われたら、正直、あまり自信はありません。「いきなり世界市場なんて目指していない」「国内ユーザーに使ってもらえれば成功だ」と考えたように思います。しかし、本書執筆時点で考えると、やはり「もったいない」「とても残念だ」と思ってしまいます。

ここで指摘したいことは、当時と今で、状況が大きく変わっているのかどうかということです。オロナミンCの発売は20世紀ですが、他の商品・サービスは21世紀に入ってから提供されています。すでに少子高齢化は叫ばれ国内市場の縮小を予測することはできましたし、国内市場と海外市場に違いがあるのは当然で、「最初から世界を目指さねば世界を制することはできない」というのは十分に考えられたことです。

詰まるところ、日本企業は「今はどういう時代なのか」を見ているようで理解しようとしていなかったとなるのではないでしょうか。

我々がこれらの事例から学ぶべきは、「今はどういう時代なのか」を深く理解し、この先のトレンドを予測して複数のシナリオを作成し、望む未来への戦略を立てることです。言葉にすれば当たり前のことを言っているように聞こえるかもしれませんが、「時代を読む力」ほど、ビジネス戦略を立てる際に大事なことはないように思います。

成功する企業モデル

「今はどういう時代なのか」「これからどんな時代に変わるのか」――。これについては、すでに第1章で触れています。

現在、世界がカオス化しているのは時代の移り変わりだからで、時代の移り変わりの一つは「技術統合時代」から「技術で人が進化する時代」への移行、もう一つは「成長志向」から「繁栄志向」への移行です。後者は一部の進歩的な経営者に受け入れられるにとどまるものの、前者は確実に起きていると説明しました。

この認識を起点に、第2章では「望ましい未来」と「現実感のある近未来」を描き、未来に求められる人の能力について探り、それは「メタスキル」だと導いています。では、メタスキル人材はビジネスを成功に導くのでしょうか？　ここで検証します。

「21世紀には失敗する運命にある」

連続起業家・エンジェル投資家として有名なデビッド・ローズは著書『Angel Investment』にて、こう指摘しています。

「20世紀に成功するように設計された企業は、21世紀には失敗する運命にある」

この「20世紀に成功するような設計」について、マイクロソフトやアップルなど世界的なテクノロジー企業を渡り歩いてきたスティーブ・バモスはこう指摘しています。

「私たちには、産業時代の産物である支配的な考え方がある。20世紀に成功した企業

は『何でも知っている』という前提でビジネスを進めている」

第1章で述べた「技術統合時代」は20世紀を包含しており、その時代は技術よりも人のニーズが先行し、ニーズを満たすように技術が開発されてきました。つまり、「何をつくれば売れるのか」はわかっていたのですが、それをつくるには技術の進化を待たねばならなかったのです。スティーブ・バモスが言うように、技術を持つ企業は「何をつくればいいのかを知っている」前提でビジネスを進めることができた、ということです。

ただ現在、「何をつくれば売れるのかはわかっている」はどう考えても間違っており、もしそう思っているとしたら、それは「バイアス」だと考えた方がよいでしょう。

20世紀のビジネスは解決策主導

20世紀の成功モデルは「解決策主導」の考え方です。解決策を起点に「要件定義」が

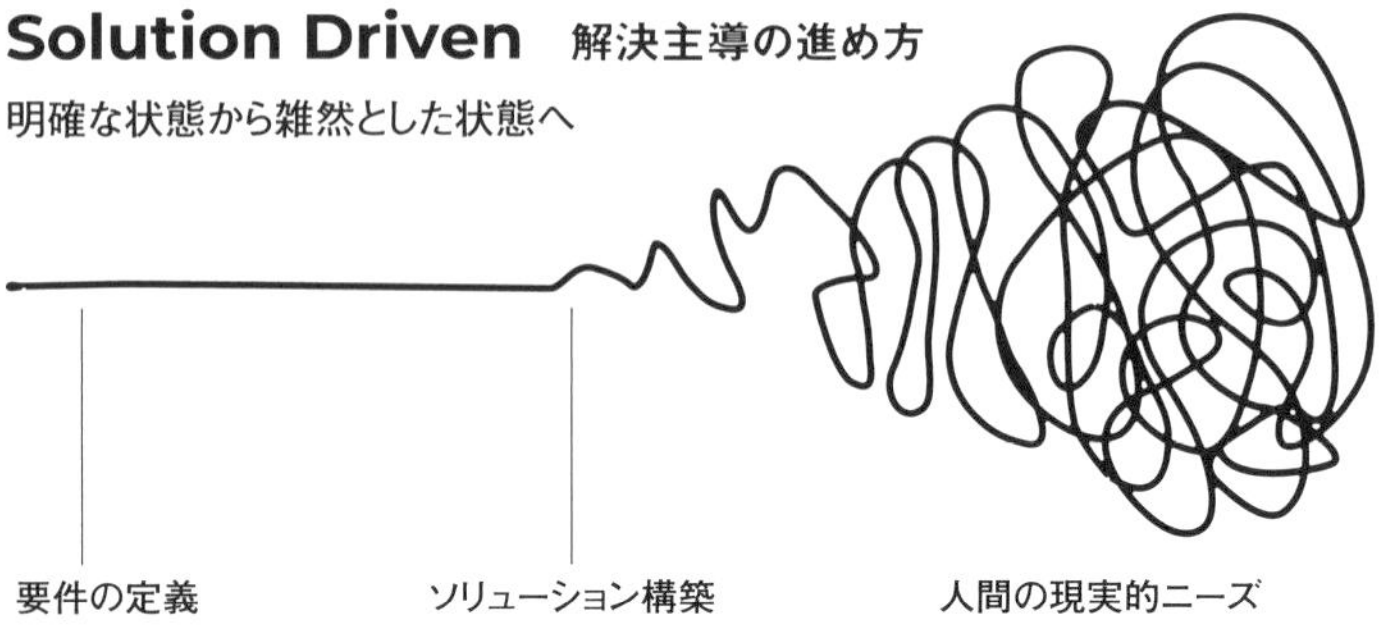

図表4-2　20世紀の「解決策主導」モデル

なされ、その要件をもとに人々のニーズを解決する「ソリューション」を構築するというモデルです。20世紀は人々のニーズが明確だったのでこのモデルを適応できたのですが、21世紀である現在の人々のニーズは多様で複雑で雑然としていますので、ニーズを捉え切れず企業は迷走します（**図表4−2**）。

解決策主導の考え方がしみついた企業では、「製品を誰も使ってくれない」となると、お客様に足りない機能を尋ね、それをもとに不足している機能を構築します。状況が変わらなくてもこの考え方から抜けられないので同じループを繰り返します。このループを「デス・サイクル／死の循環」と呼びます（**図表4−3**）。

20世紀に成功した企業では「解決策主導」の考えが

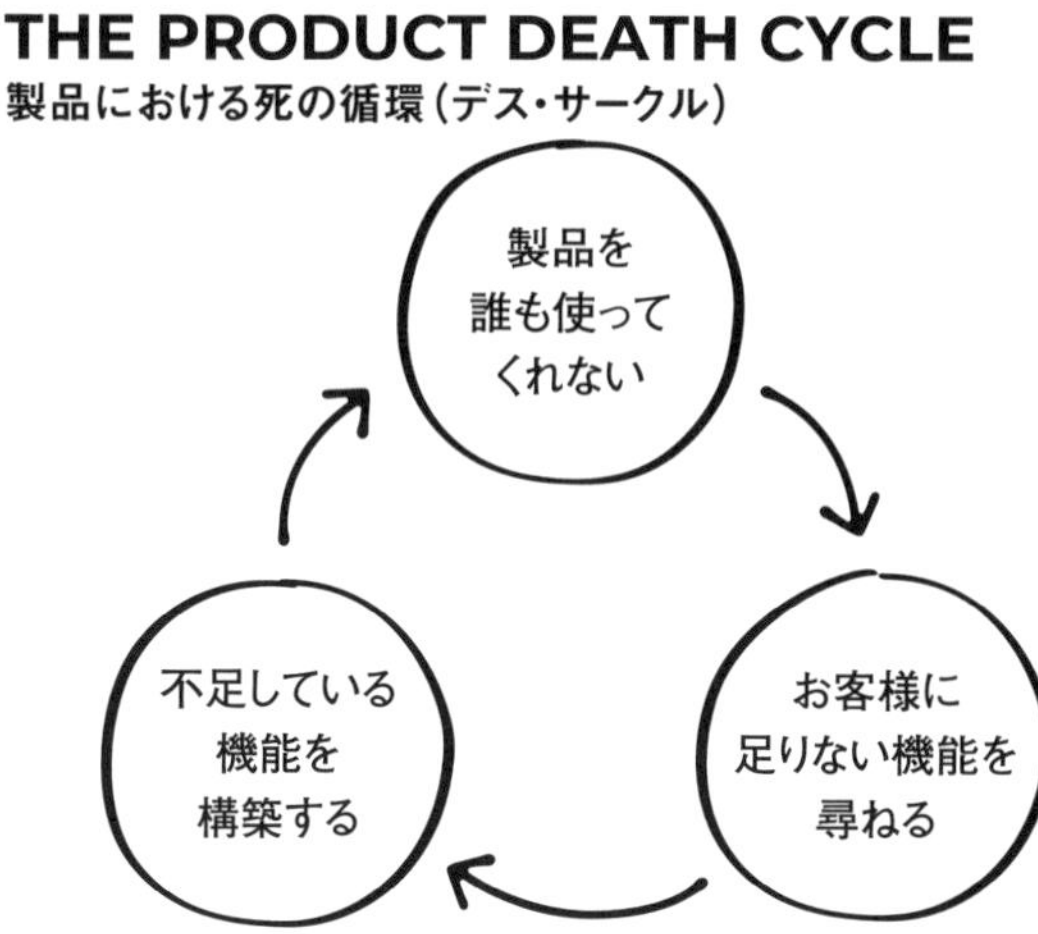

図表4-3　デス・サイクル／死の循環

旧態依然として残っており、そうした考えがビジネスを助けるどころか邪魔をしているのです。

21世紀のビジネスはデザイン思考

では、21世紀の企業は、どうすれば成功できるのでしょうか？

現在の先進国はモノにあふれています。生きていくうえで必要なモノはほとんどそろっており、物質的な意味では十分な豊かさを享受しています。物質的に豊かになっても、人は何かを欲します。それは人の根源的な欲求だと思います。

ただ「これが欲しい」と簡単に言葉にできるようなものは、すでに市場にあります。

これからの時代、人々が欲しがる商品・サービスとはどういうモノでしょうか？　この点については、現在の世界トップ企業――アップル、アマゾン、グーグル、メタ、エアビーアンドビー、ウーバーなど――から学びたいと思います。

現在世界のトップを走る企業が提供しているモノ・サービスは、登場したら「それが欲しかった」と誰もが言いますが、登場するまでは誰も「こういうものが欲しい」とは言えないようなモノです。

例えば、今「スマートフォンが欲しいですか？」と聞かれたら、ほとんどの人は「欲しい」と答えるでしょう。しかし、スマートフォンがこの世に登場するまで、「電話もインターネットも写真撮影もでき、後から無限に機能を拡張できる手のひらサイズのデバイスが欲しい」と、言った人は誰もいませんでした。

そんなモノがあるとは想像もできないけど、いざ目の前に出されたら「欲しい」と言いたくなるようなモノ。つまり、世界トップ企業が提供している商品・サービスは、「これまで誰も抱かなかった問題」を解決するモノなのです。

「誰も抱かなかった問題」を見つけるにはどうすればいいでしょうか？　21世紀に成功する企業が向き合わねばならない課題です。

この課題に対しては、「『知っている』という前提は間違い」というところから始めないといけません。人のニーズは多様で捉え切れず、本人でさえ言葉にするのが難しいのですから、「知っている」前提で進めてはいけません。私たちは人々のニーズを「知らない・わかっていない」のですから、まず「要件を定義する」ではなく、最初に「本人すら気付いていないニーズを探る」ことから始めるべきです。

模索して見いだしたニーズを「インサイト」と呼びます。「インサイト」を見いだすのは簡単なことではありません。例えば、国民性や国の豊かさなどによって消費行動は変わってきますし、身近なところでは世代によってだけでもブランドに対する認識は大きく異なります。

現在、市場には5つの世代のユーザーが混在しています。年齢が高い方から並べると、1946年から1964年に生まれた「ベビーブーマー世代」、1965年から1970年代に生まれた「X世代」、1980年代から1990年代前半に生まれた「Y世代／ミレニアル世代」、1990年代後半から2010年代序盤に生まれた「Z世代」、2010年代以降に生まれた「アルファー世代」がいます。ベビーブーマー世代は、第二次世界大戦が終わり、復員兵の帰国によって出生数が増えた世代です。日本をはじめ多くの経済大国は、人口分布で見るとベビーブーマー世代が一番重たいです。そして、最初のデジタルネイティブ世代と言われるのはZ世代です。

ブランドに対する考え方は世代によって異なり、おおむね次のように説明することができます。既存ブランドを信頼しているのが「ベビーブーマー世代」と「X世代」。既存ブランドより、実際に経験したり体験したりしてブランドを選ぶのが「Y世代」

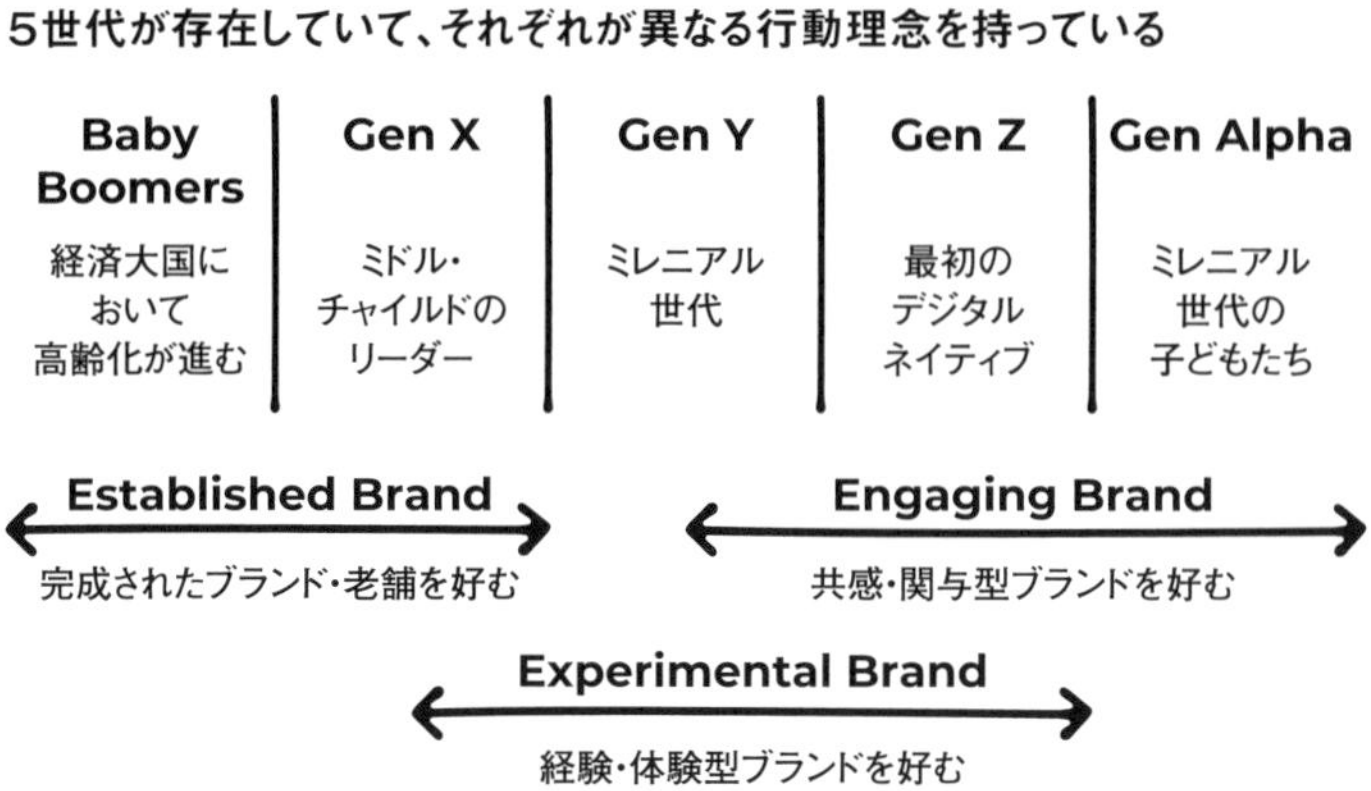

図表4-4　世代によるブランドに対する考え方の違い

と「Z世代」。ブランドが発信するメッセージに共感し、ブランドに関与していこうとするのが「Z世代」と「アルファー世代」です（図表4－4）。

一方で、このような「世代」で区切った視点だけではインサイトを抽出することはできません。定性的な観点、デザイン思考的なアプローチによって磨かれていくものです。

未来に成功する企業とメタスキルとの関係

20世紀の解決策主導モデルでは、要件を決めてソリューションを提供していました。ゴール

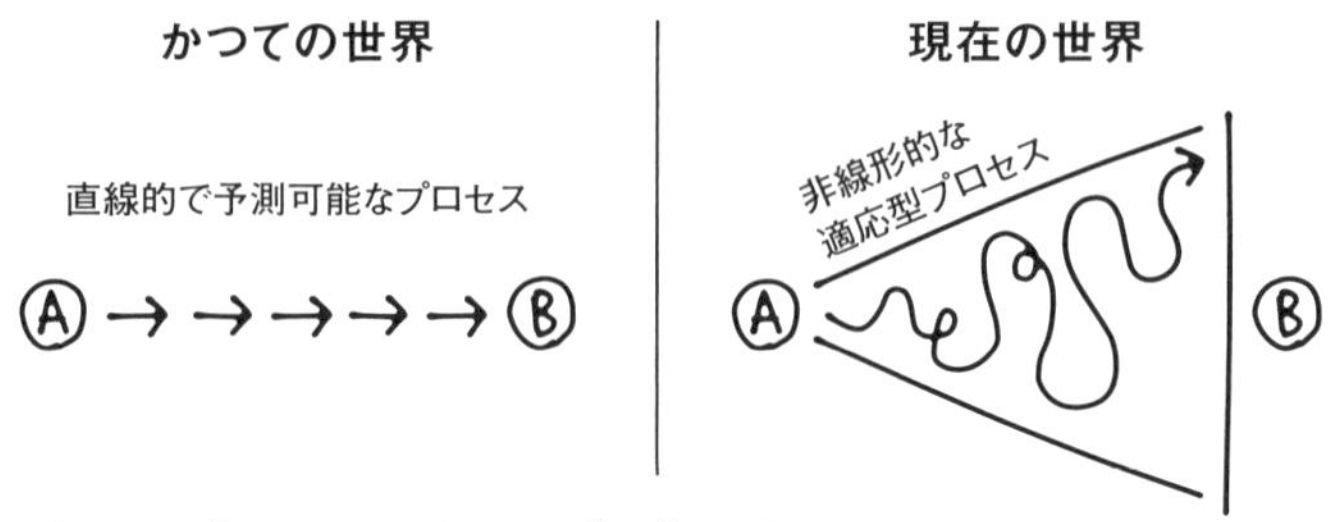

図表4-5　「かつての世界」と「現在の世界」

は明確で、そこに向けて最短距離で早くたどり着く、つまり、直線的で予測可能なプロセスを構築できることが優れた企業とされてきました（**図表4－5**）。

早い段階で失敗しつつ最高点を獲得した人が早くゴールにたどり着ける

現在はこのモデルが通用しなくなりました。どこに向かって走ればゴールにたどり着くのかは曖昧なのです。インサイトをもとに商品・サービスのコンセプトを明確にし、それを起点にアイデアを構築し、テストして確かめていくというアプローチになります（**図表4－6**）。これを「デザイン主導」と言います。デザイン主導モデルでは、非線形的で適用型のプロセスが求められます。

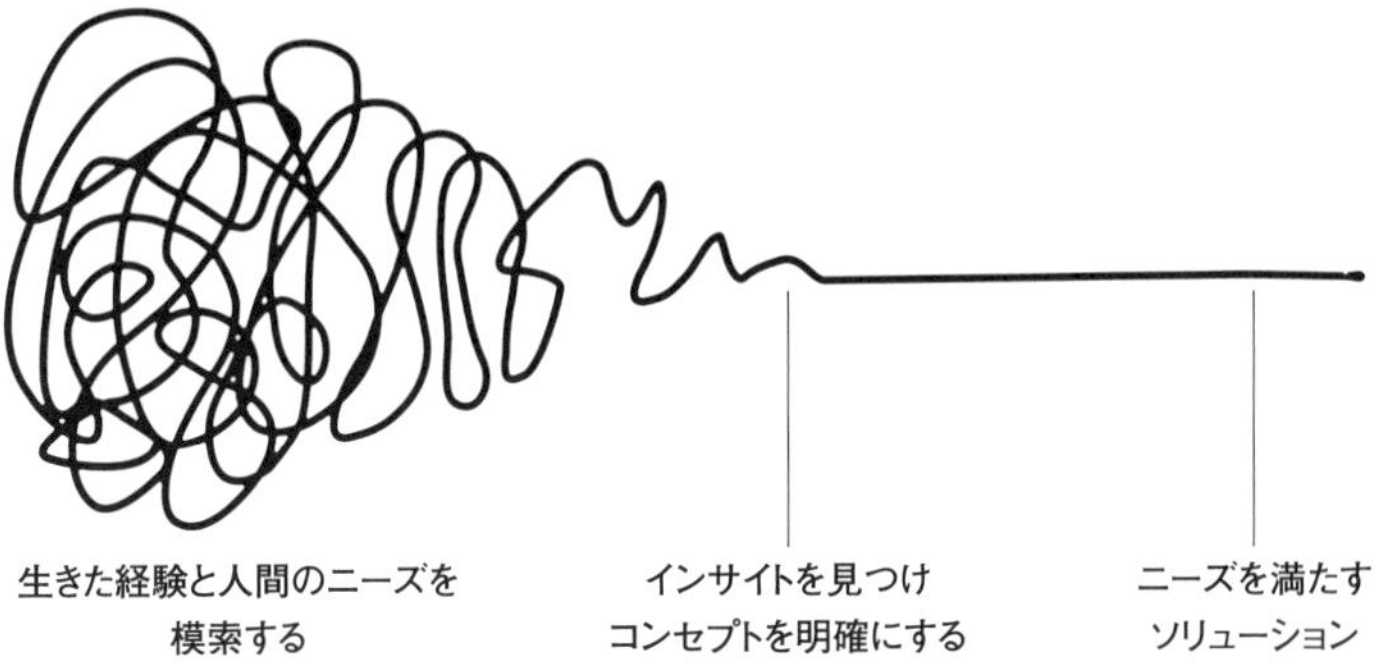

図表4-6　これから有効になる「デザイン主導」モデル

非線形的で適用型のプロセスとは、新たなことに挑戦し続けるプロセスです。挑戦する過程ではミスがつきものなので、早い段階で失敗して初期投資を最小限に抑えて最高点を獲得した人が結果的に早くゴールへたどり着くことになります。こうしたプロセスでは、「注意深さ・ミスがないこと」「責任感・まじめさ」はあまり役に立ちません。役立つのは、経済産業省の未来人材ビジョンが示すように「問題発見力」「的確な予測」「革新性」です。これらは、メタスキルによって身につけられる能力です。

そして何より、現在世界トップといわれる企業はいずれも技術を高度に、そして高速に使い続けています。第1章のライトハウス企業の取り組みで示したように、技術だけあれば企業は成長するのではなく、従業員の永続的な成長が企業の永続的な存続を可能にするのです。その際の従業員には「新技術を次々と取り入れる能力」が求められ、それを可能にするのも、やはりメタスキルです。

現場にメタスキル人材がいてこそ、企業に付加価値が生まれる

本節の目的は「メタスキル人材はビジネスを成功に導くかを検証すること」でした。その目的は達成できたように思います。社会をより良い方向へ導く、新たな価値創出のために価値ある問いを立てるところに最も近いのは50代60代ですから、「50代60代の従業員をメタスキル人材へと育成する」という方針は、日本企業が取るべき戦略として理にかなっているといえます。

第1章で書いたように、世界は複雑で混沌としています。現在世界トップと言える

のは米国の巨大ＩＴ企業ですが、ＡＩ時代にも同じように続くのか、誰にもわかりません。世界市場で日本企業の存在感は薄いと書きましたが、半導体・コンピューター・自動車・飛行機などハイテク製品を支える日本企業なくして世界は成り立たないのも事実です。

日本企業は安定・秩序・予測可能性を強く求める傾向にあり、米国企業の変化の方向性とは異なる道を歩んできました。私は日本企業が米国企業のようになるべきだとは思いません。日本人の特性に合った企業文化を捨ててしまえば、ますます弱体化していくのは必然だからです。

とはいえ、このままでいいとも思いません。日本企業の良さを生かしたうえで、未来を見据えた改革は必須です。ではどのように改革すればいいのか、経営者も頭を抱えています。経営者自身も未来が見えていないのですから、トップダウンですべてを決めるのではなく、現場も一緒になって考えていく必要があります。

日本企業が新たな価値を見いだしていくには、現場での試行錯誤やトライアルは必須です。そうした現場では「問題発見力」「的確な予測」「革新性」、そして新たな技術をどんどん取り入れていくことが大事になります。そうです、現場にメタスキル人材がいてこそ、企業の付加価値の創造が可能になるのです。

次章では、そのメタスキル人材を生み出すための具体的な方法論について共有していきます。

第5章

メタスキルを身につける「CRAFTメソッド」

5-1 CRAFTメソッドとは

本章では、メタスキルの習得方法を解説します。具体的には、第2章でも紹介したデジタルクリエイティブビジネススクール「ハイパーアイランド」が確立した手法で、「CRAFTメソッド」といいます。

CRAFTメソッドはメタスキルの「レンズ」(視点)を養うためにつくられており、次に示す5つの能力からなります。それぞれの頭文字をとって「CRAFT」メソッドと呼びます。

1・CREATIVITY(創造性の拡張)
2・RAPID RAPPORT(迅速な信頼関係構築)

3・AGILITY & ADAPTABILITY（敏捷性と適応力）
4・FUTURE FORESIGHT（未来予測）
5・TACKLING COMPLEXITY（複雑性への対処）

おさらいになりますが、**メタスキルは学ぶための学習スキル**です。積極的に新しい知識や能力を習得するようになり、自分で学びを前に進めることができるようになります。それだけでなく、時代が大きく変化している状況を踏まえ、流動的で不確実な世界において、適切であり続けることを助けるスキルでもあります。

メタスキルの習得は、学びに対する姿勢を変えることを目的としており、座学によって知識を習得するようなスタイルではなく、自分の生まれつきの性質や心理的能力を認識し、自分の長所・短所を理解したうえで、チームや他者の視点を活用しながら、先に示した5つの能力を高めていくトレーニングのようなスタイルです。メタスキルの習得には長い期間がかかりますが、いつでも、何歳からでも始められます。サードエイジを想定すれば、これまで経験で習得した様々なこと（例えばノウハウなど）

を、今の時代に求められるかたちに最適化するためのマインドセットを醸成する方法論なのです。

本来ならキャンパスやオンライン会議室に集まってもらいリアルタイムな研修の場で、ファシリテーターが参加者に問いを投げかけて考えてもらう、その体験こそがメタスキル習得に有効なのですが、活字媒体である本書では、研修内で実施するアクティビティーの解説の他、そのアクティビティーの狙いや考え方などについて、できるだけ詳しく解説したいと思います。それにより、ＣＲＡＦＴメソッドとはどういう方法論なのかを感じ取っていただけると思います。

メソッドの解説では、先に「身につけること」を説明し、その後、リアルな研修で実施しているアクティビティーを、そのアクティビティーの意図と共に紹介します。アクティビティーでは、ファシリテーターと複数の参加者がいる想定です。最後に「人材育成の視点」として、人事部門の担当者が押さえておくべき点を補足します。

5-2 CREATIVITY／「創造性の拡張」を可能にする能力

CREATIVITYで身につけること

CREATIVITYとは「創造性を拡張すること」であり、この能力を細分化すると、次の5つの要素があります。

1・想像力と好奇心
創造的に考えて、新しいアイデアを探求する能力。

2・問題解決能力

複雑な問題を特定し、分析し、解決する能力。

3・勇気とリスクテイク

リスクを取り、革新的な解決策を追求する意欲。

4・総合力

多様なアイデアやコンセプトを組み合わせ、意味のあるイノベーションを生み出す能力。

5・柔軟性

状況の変化に適応し、新しい視点を受け入れる能力。

仕事で考えると、既成概念にとらわれない思考をして、問題に対してイノベーティブな解決策を提示することです。ＡＩの進化や技術の活用で仕事の自動化がどんどん進んでいきますので、人に残された仕事はおのずと創造的なものになります。次々と新しいアイデアやアプローチを生み出し、それらを様々な文脈で応用することが求められるのです。

それらは一般に「デザイン思考」と呼ばれているものです。デザイン思考とはデザイナーの思考プロセスを体系化したもので、世の中の問題に対して解決策を見いだしたり、イノベーションを推進したりする思考法として広まりました。

すでに多くの企業で取り入れられていますが、デザイン思考に対して後ろ向きな評判を聞くことがあります。例えば、「デザイン思考の研修を受けたけど、現場でどう活用していいかわからない」「デザイン思考のプロセスそのものは楽しいが成功体験と結びつかない」といった声です。そうした経験から「デザイン思考は終わった」と言う人もいて、人事部門によっては「業務に結びつきにくい研修」という印象を持つ人がいますが、それはデザイン思考を正しく理解していません。

よく誤解されるのは、デザイン思考の「人間中心」という概念です。消費者にインタビューして答えを探るようなものと理解されている方がいるのですが、そういうことではありません。そうした理解では、第3章で登場した「デス・サイクル／死の循環」に陥るだけです。

デザイン思考の人間中心とは、ユーザーをよく観察してインサイト（本人すら気付いていない深いニーズ）を見つけ、そのインサイトをもとにイノベーティブなものを生み出す考え方です。そのためには、ユーザーの気持ちに共感し、ユーザーに憑依するような取り組みが必要で、そこまでして初めてインサイトを発見できるのです。ただのインタビューとは全く違います。

よくいわれる「顧客視点」と本質的には同じですが、共感・憑依といったレベルで「顧客の立場で考える」というのはとても難しいことです。実は、その分野での経験があればあるほど、様々な知識が邪魔をして、純粋に顧客の立場で考えることは難しくなります。

デザイン思考の人間中心という言葉は誤解されていると説明しましたが、そもそも「デザイン」という言葉そのものも誤解されています。アップルの創業者であるスティーブ・ジョブズはこんなことを言っています。

「デザインとは変な言葉です。人々はデザインとは見た目のことだと思っています。しかし、もっと深く掘り下げると、デザインとは『どのように機能するか』という意味なのです」

デザインを「見た目のこと」と考えている人は少なくないと思いますが、それはかなりデザインを狭く見ています。デザインの本質を理解することはCREATIVITYの習得の第1歩になるため、CRAFTメソッドでも「デザインとは何か」を体験を通じて理解してもらうアクティビティーがあります。

CREATIVITYのアクティビティー例とその意図

STEP 1
内容：受講者に「椅子をデザインしてください」と指示する
準備：1枚の紙と筆記具
時間：5分
集団・個人：個人

STEP 2
内容：受講者に「2人ひと組になり相手にとって快適な椅子をデザインしてください」と指示する
準備：1枚の紙と筆記具
時間：15分
集団・個人：ペア

STEP 3
内容：受講者に「STEP 1とSTEP 2のデザインは何が違うで

しょうか？」と問いかける

時間：10分

集団・個人：集団

デザインとは何かを理解してもらうために、1枚の紙を用意し、受講者に「椅子のデザイン」をしてもらいます。みなさん、さらさらとペンを動かし、思い思いの絵を描き始めます（STEP 1）。細かな条件を指定しませんので、この時に描いている椅子は、参加者自身にとって快適な椅子であることが多いです。

次に、「2人ひと組になり、会話をしながら、相手にとって快適な椅子をデザインしてください」と指示します（STEP 2）。すると、参加者はそれぞれ相手にヒアリングをし始め、その内容に基づいて新たな椅子をデザインし始めます。

2つのデザインがそろったら、参加者にこう問いかけます。「STEP 1とSTEP 2のデザインは、どのように違っていますか？」（STEP 3）。

同じ「椅子のデザイン」なのに、ＳＴＥＰ　１とＳＴＥＰ　２では全く異なるデザインになっているはずです。例えば、ＳＴＥＰ　１のデザインは自分にとって形や素材がよく、座り心地のよさそうなものを描いたかもしれません。一方のＳＴＥＰ　２では、相手が想定した空間に置くためにサイズを重視しているかもしれませんし、「こういったことができる椅子がいい」など機能性を重視しているかもしれません。

ＳＴＥＰ　３のように問いかけると、いろいろな意見が出てきます。ＣＲＡＦＴメソッドの教えは正解があるわけではなく、参加者にいろいろな気付きを得てもらい、デザインの本質を腹落ちさせたいのです。

「自分にとっていい椅子であっても、他の人にとってはそうではない」
「人によって欲しいと思う椅子は違う」
「椅子にはこんなことを求めていたけど、椅子ってそれだけではない」
「今まで気付かなかったけど、『それもいいね』『これもいいね』と思う」

こうした気付きを得ることが、「デザインとは何か」を身につけることなのです。一通り意見が出たら、次にこう問いかけます。

「相手が求める椅子をデザインするには、どうしたらいいでしょうか？」

この質問は「デザインとは何か」を理解した受講者に、デザイン思考の本質を理解してもらう狙いがあります。

「相手が欲しい椅子をデザインするには、もっといろいろ聞かないとわからない」
「相手が言っていることに答えがあるとは限らない」
「絵を見せながら意見をもらった方が具体的な考えを引き出せる」

など、いろいろな意見が出てくるでしょう。

このアクティビティーによって、「同じ椅子なのに、全然見ていることが違う、求めているものが違う、そうした違いは、いったいどこから来るのか?」と考えてもらうきっかけを与えることができるのです。これは「共感」の第一歩であり、デザイン思考の本質です。そしてそこで得られた気付きを、自分の仕事や創造プロセスへどう生かすかを考え始めることにつながります。

CREATIVITYにおける人材育成の視点

デザイン思考を身につけるためのフレームワークがあります。共感マップ、ダブルダイヤモンド・ヒューリスティック、ビジネスモデルキャンバス、バリュープロポジションキャンバスなどは、代表的なフレームワークです。

図表5－1は「共感マップ」です。これを活用すると、「顧客はいったいどんなことを考えたり感じたりしているのか」「どんなことを言っているのか、どんなものを見ているのか」「どこから情報を収集しているのか」などを整理することができ、それに

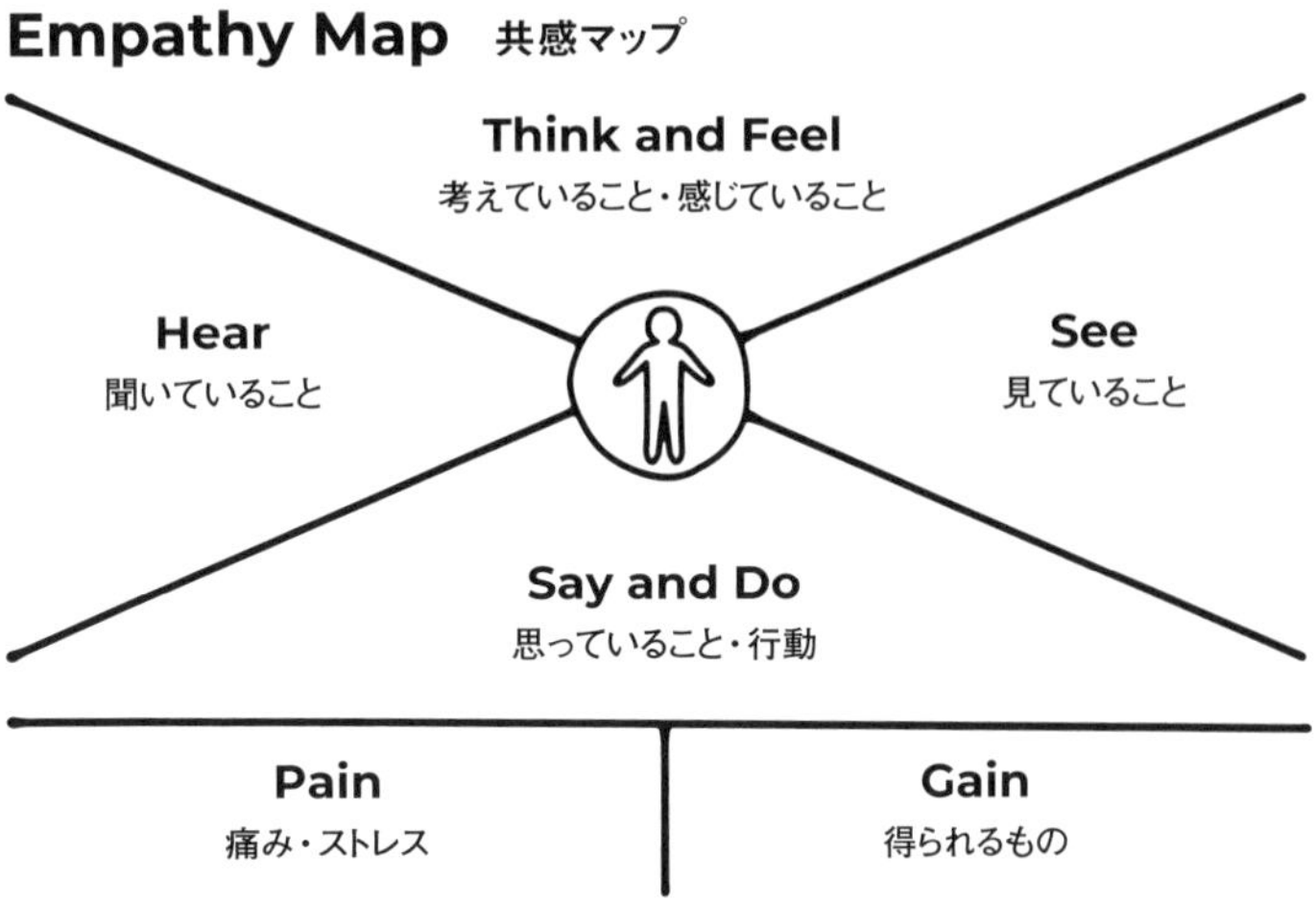

図表5-1　共感マップ

よって「相手は何に痛みを感じているのか」「本当に顧客が欲しいと思っているものは何なのか」と、インサイトに近づくことができます。

図表5－2は「ダブルダイヤモンド・ヒューリスティック」です（ヒューリスティックとは、ある程度正解に近い解を見つけ出すための経験則や発見方法のこと）。2005年に英国デザイン協議会で初めて導入された問題解決手法で、「正しい問題を見つける」フェーズと、「正しい解決を見つける」フェーズからなり、それぞれに「発散」と「収束」があります。このフレームワークを使うと、

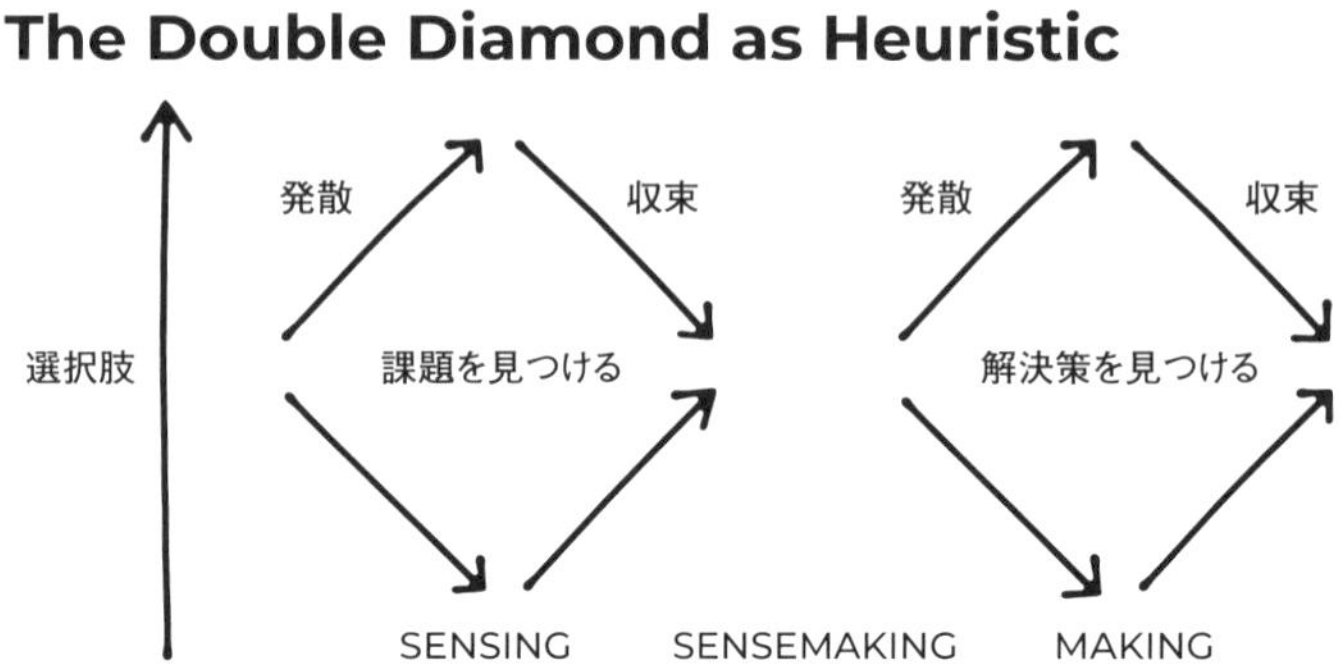

図表5-2　ダブルダイヤモンド・ヒューリスティック

フェーズごとのタスクが明確で集中しやすく、参加者全員が「発散」と「収束」の違いを意識しながら取り組めるメリットがあります。

こうしたフレームワークは便利に感じるかもしれませんが、メタスキル習得という観点では注意も必要です。それは、フレームワークを使いこなすことが目的にならないことです。仕事でCREATIVITYを発揮するには、デザイン思考を「読み書きそろばん」のような基礎的能力として身につけることが大事です。フレームワークは、基礎的能力として身につけるための思考整理や可視化のツールとして使うようにしましょう。

5-3 RAPID RAPPORT／「迅速な信頼関係構築」を習得する能力

RAPID RAPPORTで身につけること

RAPID RAPPORTとは「迅速な信頼関係を構築すること」であり、この能力を細分化すると、次の5つの要素があります。

1・包括性
包括的な環境をつくり出し、多様なグループとうまくやっていく能力。

2・感情的知性
自分自身と他者の感情を認識し、理解し、管理する能力。

3・協調性
共通の目標を達成するために、他者と効果的に協働するスキル。

4・思いやり
人の幸福に共感し、関心を示すこと。

5・積極的傾聴
相手の話に集中し、理解し、反応し、記憶する能力。

仕事で考えると、顧客やメンバーと強い人間関係を築き、対立関係を解消し、共通の目的に向かって個々の力を発揮することです。ビジネスで何か大きな業績を出すには、個人ではなくチームの力が必要です。みんなでやった方がアイデアは生まれるし、そのアイデアを素早く実行に移していくにもチームの力が欠かせません。チームの方が問題解決は速く、また、チームで活動することにより、個人の生産性やモチベーションの向上、専門的な能力開発も促進されます。

このようなRAPID RAPPORTを体感するアクティビティーとして、即席チームで実施するゲームを紹介します。見かけはゲームですが、たくさんの気付きが得られるしかけがあります。

RAPID RAPPORTのアクティビティー例とその意図

内容：数十枚のデジタルポストイットで、指定された絵柄を制限時間内につくる
準備：Ｍｉｒｏボードのような、チームで使えるポストイットツール
時間：8分（1ラウンドあたり2分を計4ラウンド実施）
集団・個人：チーム

このアクティビティーは、初めて会った人で即席のチームをつくり、制限時間内に、数十枚のデジタルポストイットで指定された絵柄をつくるゲームです。とにかくよくわからない状態でゲームは始まり、「とにかくチームでこの絵柄を完成させてください」というミッションが与えられるのです。

デジタルポストイットのツールを使ったことがない人がいると思います。また、ポストイットは複製できず、指定されたものしか使うことができません。とてもやりづらい環境で、しかも、1ラウンドあたり2分という短時間で成果を上げなければならないという、強いプレッシャーを与えます。

事前打ち合わせの時間はなく、ゲームは突然開始されます。リーダーが決まっているわけではありませんので、参加者は混乱します。「どうすればいいんだ」と頭の中ではぐるぐると考えが巡っているはずですが、作戦を練る時間はありませんので、とにかく見よう見まねでポストイットを貼るしかありません。

徐々に、「こういうふうに動かせるんだ」「ここに置けるんだ」「自分はここを担当します」「(周りを見て) もっとこうした方がいいのでは」など、なんだかわからないものの、みんなで声を出し、空気を読みながらそれっぽい絵柄にしていきます。

このゲームは、1ラウンド2分を4ラウンドしてもらいます。1ラウンド目はなかなかうまくいかないものですが、次第に慣れてきます。そこでさらに混乱させるために、ラウンドの合間に主催者から「リスクカード」を説明します。チームでカードを1枚選択して(取る/取らないはチームで決めます)、そのカードに書いてあることの指示に従ってもらいます。このリスクカードには、それまでとは異なるルールが指示されたり、他のチームの進行を阻害したり、自分のチームを補強したりする内容があります。ラウンドを重ねるにつれ、ゲームは複雑になっていきます。

完成した絵が指定された絵柄に近いチームが優勝となりますが、優勝することが目的ではありません。まずは、このアクティビティーを通じて何を感じたかを発言してもらいます。

「即席チームなので、相手のことがわからず、うまくコミュニケーションできなかった」

「ツールの使い方がわからず、戸惑っているうちに2ラウンド終わっていた」

「見よう見まねで他の人のやり方に合わせているうちに、なんとなく役割が見えてきた」

「やり始めてみてから時間が全然足りないことに気付き、チームとしてのゴールをどこに設定すればいいのか考えた」

「考えたことをチーム内で共有しようとしても、できなかった」

「ルール変更で立て直しをする際に相談したかったが、できなかった」

こうした個々の発言を通して、チームで物事にあたるときに、個々のメンバーやチームに何が起きているのかを実感することができるのです。突然のルール変更は、クライアントの要望が変更になった場面と似ています。個々の仕事に没頭しているとき、他のメンバーの働きが見えない状況もあるでしょう。新しいツールに慣れず、右往左往する状況もよくあることです。

そして、参加者に「では、どうすればよかったでしょうか」と尋ね、振り返ってもらいます。

「恐怖心を取り除くため、最初のラウンドは捨ててでも、自己紹介するべきだった」
「自分の状況をメンバーに伝えるため、声を発しないといけない」
「俯瞰する人を1人置くべきだった」
「このタイミングでこのような指示を出せばよかった」
「途中で自分たちのチームなりのゴールを設定し直し、やり方を変えるべきだった」

こうした振り返りは、普段のチーム仕事にそのまま適応できるものです。業務において自分の状況に置き換えて実践することで、RAPID RAPPORTを高めていくヒントが得られます。

RAPID RAPPORTにおける人材育成の視点

RAPID RAPPORTの一部として「心理的安全性」がありますので、ここで、心理的安全性に関する観点について補足します。心理的安全性とは、職場で誰もが自由に発言し、懸念事項や問題・課題を共有できると信じられる土台・風土のことです。こうした土台・風土は職場において重要ですが、最近は間違った理解がされるケースが見受けられます。

いくつか例を示します。

1つ目は、業績不振の従業員が心理的安全性を持ち出し、説明責任から逃れようとするケースです。人は本来、大切にされるべきですが、職場で結果を出すことから免れることはできません。

2つ目は、職場で厳しく言わねばならないにもかかわらず、心理的安全性を持ち出し、ただ優しいだけになるケースです。職場では問題に対して常に新しい解決策を生み出すことが必要です。イノベーションを起こすために越えなければならない摩擦を心理的安全性でくるんでしまえば、ブレークスルーが起きない状態になってしまいます。心理的安全性でくるむというのは、メンバーを単に甘やかしていることにつながります。

3つ目は、「みんなで決めたことだから」となり、メンバーが感じている問題を提起できなくすることです。心理的安全性は自由な発言力を与えますが、意思決定の権限を変えるものではありません。変えるべきは、意思決定に関わる関与と協力のレベルです。メンバーは常に、恐れることなく問題を提起し、議論することができます。

4つ目は、心理的安全性を持ち出して自主性を主張することです。自主性は獲得するものであり、リーダーの指導・監督・承認は変わらず必要です。心理的安全性とは、自主的なエンパワーメントへのシフトではありません。

その他、政治的な目的のために心理的安全を利用するケースや、飾り言葉のように心理的安全性を使うケースがありますが、これらも間違っています。

心理的安全性に関する人材研修を実施する際、人事部門はここで示したような「心理的安全性のわな」に落ちないように働きかけ、チームのパフォーマンスや生産性が本当に高まっているのかを確認しないといけません。

5-4 AGILITY & ADAPTABILITY／「敏捷性と適応力」を習得する能力

AGILITY & ADAPTABILITYで身につけること

AGILITY & ADAPTABILITYというのは「認知的敏捷性と認識の向上を通じてレジリエンスを高める」ことです。自分の持っている思い込みや単純な考えを捨て、新しいパラダイムに自分を切り替えていく、変化する状況や環境に適応し、新しい経験から学ぶ能力のことを意味します。適応力（＝ADAPTABILITY）があれば、困難な状況に直面しても、柔軟で視野が広く、弾力的であり続けることができます。

AGILITY & ADAPTABILITYとは、主に次の5つの要素があります。

1・オープンマインド

新しいアイデアを検討し、異なる視点を受け入れる意欲。

2・環境認識

未知の分野を探索し示唆を得ること。

3・自己学習

新しい知識やスキルを自主的に習得する能力。

4・再帰性

経験を振り返り、そこから学ぶ能力。

5・反脆弱性

逆境に打ち勝ち、困難から力を得る能力。

仕事で考えると、全く予期していなかった事態が起きてピンチになったとき、どうすればその状況から脱出できるのかを即座に見いだすことにつながります。自分が知らないことに対して思い込みで判断するのは危険です。また、自分には対処できないことだと諦めてしまうこともよくありません。AGILITY & ADAPTABILITYを習得できれば、未知の領域であっても適切に対応できるだけでなく、そこから新たな学びや解決のヒントを得ることができます。それは「新しい視点」を得たような状態です。つまり、AGILITY & ADAPTABILITYとは、「新しい視点を得ること」と言い換えることができます。

「新しい視点を得ること」は、行ったことのない国を訪れることに似ています。観光客のようにその土地に行くのではなく、人類学者や言語学者のように、その土地に住んで、その土地のことを深く探索して示唆を得ていくような感じです。

示唆を得るためには「質問をする」ことがきっかけとなります。しかし、自分が知らないこと、興味のないことに対して、人は質問が浮かんでこないものです。単純な質問しかできないのです。それでは、深い示唆を得ることはできません。

深い示唆を得るには、様々な観点で対象を捉え、アプローチしなければなりません。

例えばこんな感じです。

- 概要／位置を特定する↓対象はどんなポジションにあるのか？
- 自己体験と重なる指標（ランドマーク）を見つける↓興味が持てるような自分と対象のつながりはないか？
- 歴史を探求する↓対象はどこから発生したのか？
- 今起きていること／状況を書き出す↓何が起きているのか？
- 使われている言語／語彙を調べる↓業界用語や専門用語は何か？
- けん引している組織／ビジネスを知る↓代表的な組織名やサービスは何か？
- 誰が関与していて影響力を持っているかを知る↓対象は何から影響を受けているの

か、もしくは与えているのか？

・関連する人と直接話す→対象に詳しい人に聞きたいことは何か？

注意深く観察し、調査し、問いを立てて自ら答えていく、そうしたことで自分の視野が広がり、それが適応力の源泉になるのです。調べるだけでいいの？　と思うかもしれませんが、これまで、何かを調べる際に、ここで示したような観点で調べることはあまりないと思います。

新しいクライアントがこれまで携わったことのない業界だったので、とりあえずググって、Wikiって、プレスリリースを読みました、というだけでは、新たな提案を行うことはできません。新しい企業や生まれたばかりの分野では、十分な資料が見つからないこともあります。また、ディスラプターと呼ばれる既存の業界秩序を破壊する企業や新たに台頭してくる成長分野から自分のビジネスを守るには、行ったことのない国を探索するように広く深いリサーチを通し、「新しい視点」を得ることが大切です。

新しい視点を得る方法が身につけば、結果として未知のものに適応できるようになり、それがレジリエンスを高めることにつながるのです。

AGILITY & ADAPTABILITYのアクティビティー例とその意図

AGILITY & ADAPTABILITYのアクティビティーとして、「Industry Canvas」を使った業界分析を紹介します。

内容：業界分析を行う
準備：「Industry Canvas」に基づいた紙を用意
集団・個人：個人またはペア

「Industry Canvas」とは**図表5－3**のようなもので、枠の中にやってほしいことや質問が書いてありますので、それを実践したり質問に答えたりします。多くの企業で

INDUSTRY CANVAS
Sources
ニュース、ブログ、
この業界に詳しい人など、
役立った情報源を3〜4つ、
リストアップしよう
Players
この業界を
けん引している企業は?
Traditional
Start-ups
Innovations
この業界を象徴するような
サービスまたは
製品を3〜4つ、
リストアップしよう
Rich Picture
この業界で起きていることを表す
図やイメージを見つけて貼り付けよう。
見つからなければ描いてみよう
Drivers
この業界を動かす
テクノロジーや
顧客の行動
Trends
数年後に
この業界は
どうなっている?
Challenges
この業界にとっての
制約や制限は何?
Opportunities
イノベーションの
好機はどこにある?
Your point of view
もしも私がこの業界にいたら、私は…

Exploring an Industry Canvas created by Jonathan Briggs & Ines Lopez, Hyper Island, Creative Commons 2018, Some Rights Reserved

図表5-3　Industry Canvas

行っている業界分析のようなものですが、通常の業界分析だと先に目的があり、その目的に沿ったリサーチしかしませんが、このアクティビティーでは特定の目的を持たないで実施します。

本来なら机上だけでなく、関係者に会いに行って話を直接聞くことなどもしてほしいのですが、アクティビティーではそこまでしません。ただし、グーグル検索やウィキペディアで調べるだけですぐに見つかるようなことではなく、

- この業界にとっての制約は何か？
- 数年後、この業界はどうなっているか？
- この業界のイノベーションの好機はどこにあるか？
- もしも私がこの業界にいたら何をするか？

など、関連するニュースを読んだり、関連する技術を調べたりしないと答えられないようになっています。また、新たな質問を立て、その質問の答えを探るようにも促

します。

このアクティビティーを実践しているときの参加者は、質問が浮かぶと興味が湧き、調べると「そうなっていたんだ」「だとすると、これはこうではないか」と、次々にいろんなことが渦巻いているのです。ゴールとしては、最初に渡した「Industry Canvas」を拡張し、自分で立てた質問とその答えを追記し、複数の観点で得た答えから対象となる業界について深い示唆を得ることです。その過程で自分の思い込みや単純な考えを外すことができ、「新しい視点」を得るには「多くの質問を立てねばならない」という気付きを得ることができるのです。

また、このキャンバスをメンバーと共有することによって、短時間で総合リサーチをすることも可能です。

AGILITY & ADAPTABILITYにおける人材育成の視点

新しい視点を得るには、「どこを探すか」ではなく、普通なら「探さない場所・人」の方が重要です。例えば、話したことのない顧客、サプライヤー、パートナー、専門家、メンバーは、「まだ知らない課題」を抱えている人たちです。同様に、知らない業種や新興企業から多くの示唆を得ることができる、そういう手法を持っておけば従業員の視野を広げ、前に進むヒントを得ることができるのです。業務に適用できる場面が多いと理解してください。

5-5 FUTURE FORESIGHT／「未来予測」を可能にする能力

FUTURE FORESIGHTで身につけること

FUTURE FORESIGHTとは「未来予測」です。現代は急速に様々なことが変化し、先のことは読みづらいですが、そのような状況でも現在起きているトレンド、鍵となるけん引要素を捉え、これから起こることを予測するための力点として捉えることができます。未来を予測するには能力が必要で、単に妄想したり、空想したりするのとは異なります。

本来、未来予測はシステム思考を持っていないとできません。ここでシステムとは、物事やその動きを分解したり再構築したり、及ぼす影響などをまとめあげていくことです。複雑なシステム間の相互関係を理解していかないと、未来を予測することはできないのです。また、複数の視点も必要となるため、様々なジャンルの研究者や専門家と協力しながらまとめあげていくものである、というのが前提にあります。

FUTURE FORESIGHTには、次の5つの要素があります。

1・システム思考
複雑なシステムとその相互関係を理解する。

2・好奇心
変化のシグナルや新たなトレンドなど、新しい知識や経験を学び、探求する意欲。

3・語り部
複雑な考えを伝え、説得力のある語りによって他者に影響を与える能力。

4・探求心
可能性のある未来について想像し、よりよい質問を投げかけ、潜在的な機会と課題を特定する能力。

5・影響力
他者を説得し、望ましい結果に導くスキル。

未来について考えなければ、自分たちにとって望ましい未来を手に入れることはできません。現在の事業がうまくいっていたとしても、それは現在の環境に適応しているからであり、この先の事業環境が変わればどうなるかわかりません。未来は誰にもわからないとは言いますが、だからといって何も考えなくてもいいということではありません。

未来に向けて、無限にシナリオを描くことはできます。例えば、「起こってほしい未来シナリオ」「起こりそうな未来シナリオ」「起こり得る未来シナリオ」「起こるかも

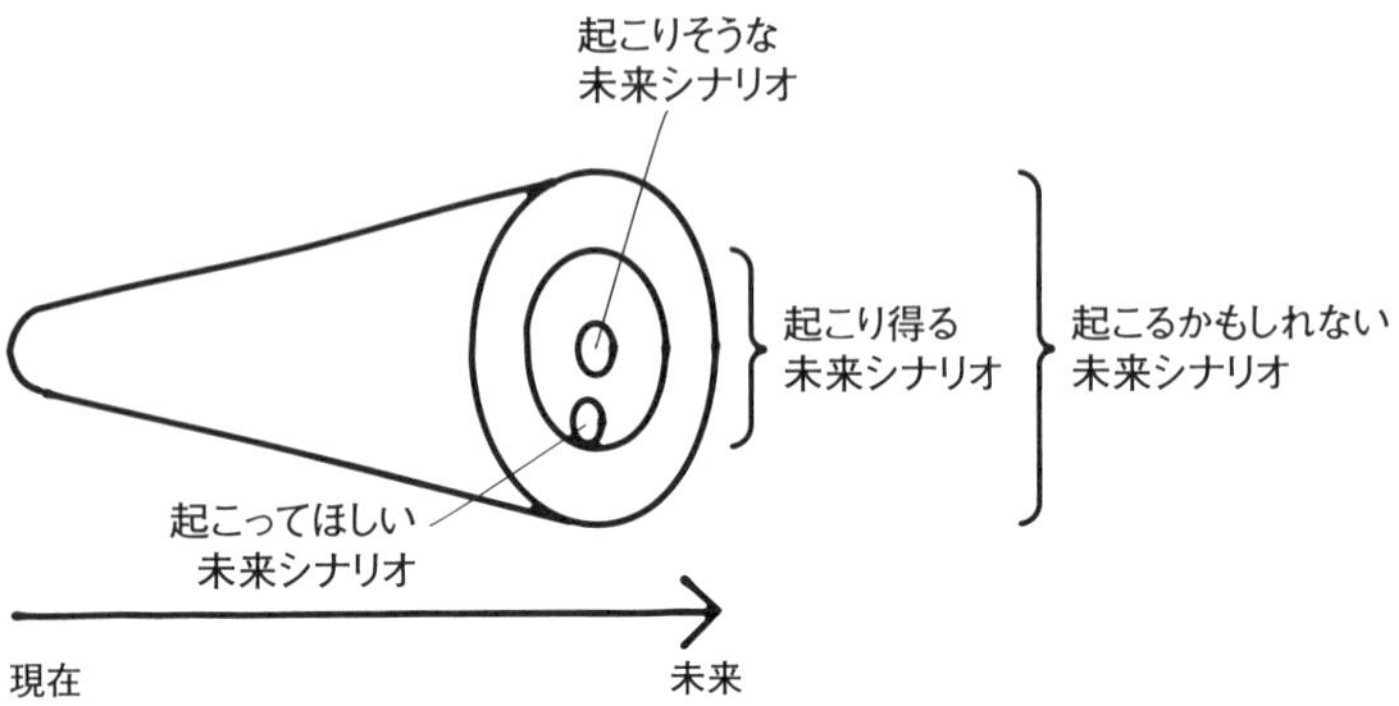

図表5-4　未来のシナリオ

しれない未来シナリオ」などです。この中からいくつかのシナリオプランを策定し、「将来このようなシナリオが想定されるのであれば、現時点で何を備え、準備を始めなければならないか」と戦略を立案していきます（**図表5－4**）。

なぜ未来を予測する必要があるかというと、それは「今、何をすべきかを決めるため」だからです。「ビジネスとしての今の選択」は、未来のビジネスにつながっているのです。選択を間違えれば、自分たちにとって望ましくない未来を、自分たちが引き寄せてしまうことにもなりかねないのです。

未来を予測するのはかなり難しいことです。技術、法律、教育、ビジネスなど、様々なパラメーター

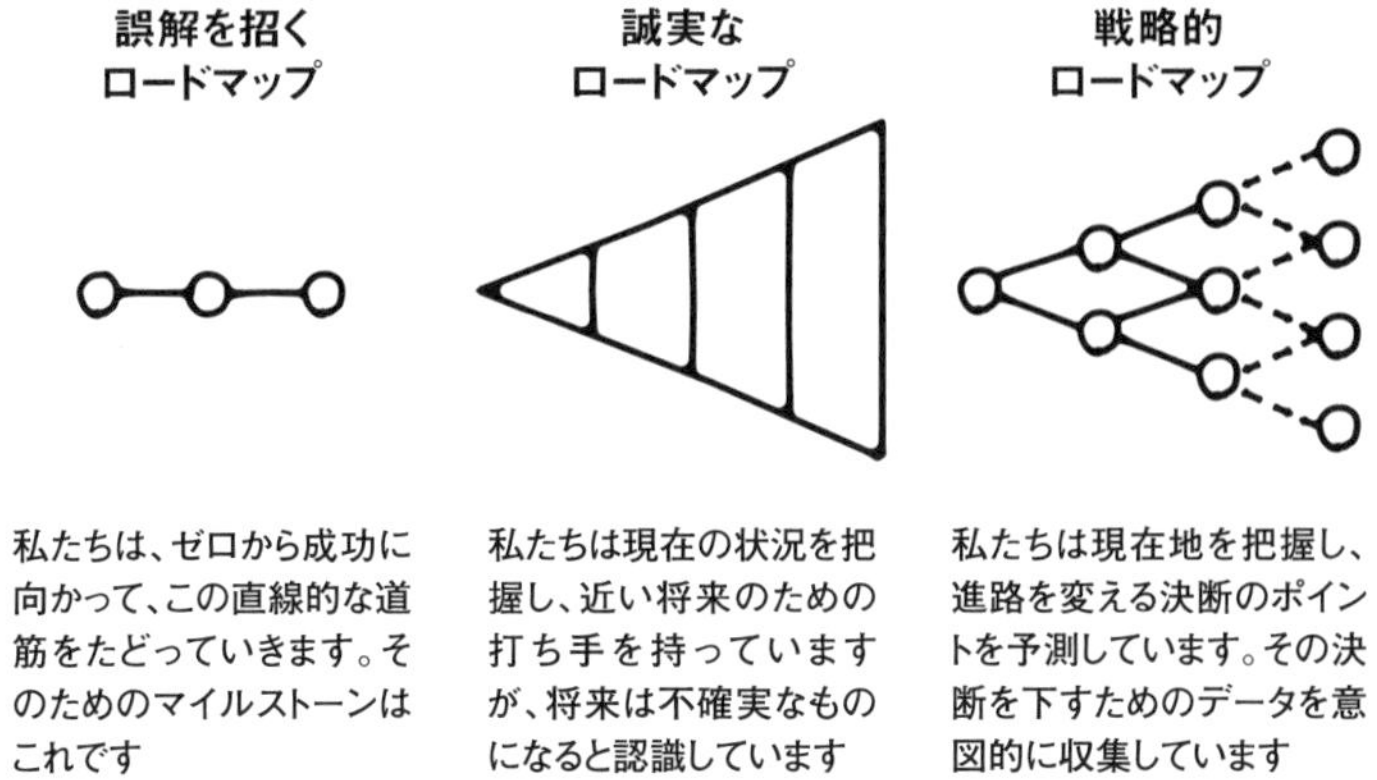
誤解を招く
ロードマップ
誠実な
ロードマップ
戦略的
ロードマップ
私たちは、ゼロから成功に向かって、この直線的な道筋をたどっていきます。そのためのマイルストーンはこれです
私たちは現在の状況を把握し、近い将来のための打ち手を持っていますが、将来は不確実なものになると認識しています
私たちは現在地を把握し、進路を変える決断のポイントを予測しています。その決断を下すためのデータを意図的に収集しています

図表5-5　未来に向けたロードマップ

があるだけでなく、パラメーター同士が影響を及ぼし合うので、**図表5－5**左のような一直線の「誤解を招くロードマップ」で未来を予測することは不可能です。

　実際は、パラメーター同士が複雑に影響し合うので、**図表5－5**中央のような幅のある「誠実なロードマップ」になります。でもこの未来予測では、どの段階で何をすれば、どのような未来が到来するのか描くことができず、その投資対象も大きくなってしまいます。そこで未来予測では、**図表5－5**右「戦略的ロードマップ」にあるように、複数のシナリオ（図の左から右へ向かう線）を描き、未来を変えるポイントで適切な決断を下すことができるように戦略に基づいたデータを収集できるように努めます。これが「シナリオプランニング」と「ロードマップ」の関係です。

FUTURE FORESIGHTのアクティビティー例とその意図

FUTURE FORESIGHTのアクティビティーを2つ紹介します。一つは「予測」とはどういうものかを腹落ちさせるためのもので、もう一つはシナリオを描く前の、準備をするためのものです。

内容：予測をする
時間：20分（予測）、20分（全体で議論する）
集団・個人：チーム

このアクティビティーではまず、「予測」と「予報」について考えてもらいます。「予測」

とは、過去に起こった出来事のデータと最近の傾向を組み合わせて、将来の出来事の結果を導き出す計算や推定のことです。一方の「予報」とは、過去のデータに関わらず将来何が起こるかを示すことであり、予測は予報に含まれるという関係です。

いくつかの項目を用意し、「予測できるものはどれか?」「予報可能なものはどれか?」「予測できるものとできないものの違いは何か?」と参加者に問い、予測できるものを選択し、実際にデータ収集などを行い、回答を発表してもらいます。提示される質問は、例えば次のような項目です。

- とある店舗の来月の売り上げ
- 明日の天気
- 11月のビットコインの価値
- 億万長者になれるかどうか
- ウクライナにおけるプーチンの戦争の影響
- 2025年に最も流行するファッション

・次世代サムスン携帯の特徴
・2年後の子どもまたは孫の身長
・2050年までの日本におけるＡＩの影響
・2050年の潮位
・2300年に彗星が地球に衝突するか

予報は特別な能力がなくても誰でもできるもので、精度の高いものから低いものまであります。予測はデータ収集して考えて導き出すもので、精度は高いものと思い込んでいますが、このアクティビティーを通じて、普段実施している予測は精度が高いとはいえないことを実感してもらうのです。

「明日の天気」という設問は、予測しやすいものかもしれません。天気予報は、気象庁からはもちろん、数十ある民間の気象会社からも出ています。しかし、テレビ局やサイトが、どこの情報を使用しているかによって予報が変わります。海外の気象会社の予報を載せているサイトもあります。出どころによって予報が違うのは、それぞれコンピューターにさせる独自の計算式があり、結果が違ってくるためです。

そして次のアクティビティーとして、「小売業の未来を描いてください」と、各チームにお題を出し、チームで議論しながら未来予測に挑んでもらいます。

内容：小売業の未来を描く
時間：40分（描く・書く・考える）、15分（全体で議論する）
集団・個人：チーム

これはFUTURE FORESIGHTのイントロダクションであり、時間のある限り経験してもらいます。「小売業の未来を描く」といっても、コンビニエンスストア（コンビニ）のような形態から大型ショッピングモールのような商業施設まで幅広い小売業があります。チームとして何に注目して未来を描くか、そこも議論のポイントになります。例えばコンビニに焦点を定めた場合、

・もう現金決済はなくなる。
・空飛ぶクルマとコンビニを合体させれば、災害時や過疎地に出店できる。
・そうしたら、リアル店舗の価値とオンライン店舗の価値が逆転するかもしれない。

など、様々な意見が出てきます。そして具体的にどんな見た目でどんな機能を持った店舗になるのか、画像生成ＡＩなどを使用して描いてもらいます。そして、実際にそのような未来が来るとしたら、小売業界は何を準備し、どんな対策をしなければならないかを検討します。

その後、時間があればシナリオプランニングの基本プロセスを説明し、システム思考の概要や世界経済フォーラムのリポートなどを読み、トレンドや構造をある程度理解したうえで実際のシナリオプランニングを実践してもらいます。ビジネスに適応させるため、描いたシナリオに対し、現在備えなければならないことを明確にすることがゴールです（シナリオプランニングの研修には、数日または数回に分けて数カ月を要します）。

FUTURE FORESIGHTにおける人材育成の視点

FUTURE FORESIGHTでは、未来はやってくるものではなく、現在とつながっており、世界を変えているのは人の選択であると理解することが重要です。そのため、企業は定期的に未来シナリオを共有し、今、何に備えるべきかを検討することが重要なのです。

5-6 TACKLING COMPLEXITY／「複雑性への対処」を可能にする能力

TACKLING COMPLEXITYで身につけること

TACKLING COMPLEXITYは、ここまで説明してきたことを包括して学びに結びつけていく能力のことで、「複雑性への対処」を可能にする能力になります。未来は複雑で混沌としており、そうした複雑な状況において、自分の考えていることを具現化していく能力という言い方もできます。

仕事で考えれば、未知の状況において、あらゆる面に配慮しながら、自分たちの目的を達成していくことになります。ＢＡＮＩやＶＵＣＡといわれるような複雑な状況を理解し、そうした中できちんと倫理観や道徳的原則、誠実さなどを持ち、他者にも配慮しつつ、自分を動機付けてゴールに向かっていく能力です。

未知の状況では、誰もが「そうだよね」と白黒はっきりつかないことが多く、それらが相反するかもしれません。そうした両極端な考え方（＝極性という）がある中でもうまくマネジメントしていくことが求められます。その際、セルフリーダーシップや相手を尊重する能力などが必要になります。

TACKLING COMPLEXITYには、次の５つの要素があります。

１・複雑性
ＢＡＮＩやＶＵＣＡなど複雑さを理解する。

2・倫理
道徳的原則を守り、倫理的行動、誠実さを示す。

3・極性管理
相反する事象をマネジメントする。

4・セルフリーダーシップ
個人的および職業上の目標に向かって自らを動機付け、導く能力。

5・尊重
他者の視点や境界に配慮し、尊重すること。

ポイントになるのは、未知の状況において、どのように意思決定をするかです。これからは「ＡＩにはできない人間の中核的な能力」を磨く必要があり、意思決定においては「人間の体験」を重視することが求められます。「人間の体験」を重視するためには「今、何が重要か?」と問う必要があります。また、人類にとって意味のある未来に対して注力する場合、「これから重要になるのは何か?」を問います。

こうした問いに対して、個人の物差しと、社会や人類の物差しの両方で考えます。例えば、「自分にとって利益があるからこの選択をします」なのか、「みんなにとって利益があるから自己犠牲になってもこの選択をします」なのかということです。そして、何か決定を下したら、その決定がもたらす影響について考えなければなりません。自分が意思決定をして物事を前に進める際、それが与える影響、自分に与える影響と人に与える影響、もしくは社会的な意義など、様々なことを俯瞰的に見ていかねばなりません。あらゆるものが相互に関連していることを認識し、システム思考を動員していくということです。

TACKLING COMPLEXITYで重要な考え方の一つが、白黒はっきりしない状況をマネジメントする「ポラリティーマネジメント」です。極性管理ともいいますが、解決すべきものの選択肢として表れてきます。例えば組織管理でいうと、「中央集権型」と

「非中央集権型」（分散化）があります。組織は完全に中央集権化することも、完全に分散化することもできません。両極は互いに必要とし、相互依存をしています。「コスト」と「収益」も同様です。相反するものですが、どちらか一方が正しくてどちらかが間違いというものではなく、両方の考え方のバランスを取る必要があります。その方法が「ポラリティーマネジメント」です。

仕事と家庭もそうですし、長期的な観点と短期的な観点、変化を求めていくことと安定を守らなくてはならないことがあります。これらは、あなたが解決する問題ではありません。バランスを取る必要があるものであり、コラボレーション、意思決定、リーダーシップ、戦略、コミュニケーションなど、様々なことに影響を与えます。

「ポラリティーマネジメント」のフレームワークを使用し、両極のメリットとデメリットを洗い出します。どちらにどのくらいの比重を置けばいいか、どちらを先にするとどうなるか、偏りを示す危険信号のようなものなどを検討し、総合的に判断してコントロールするための材料の洗い出しとして使います。

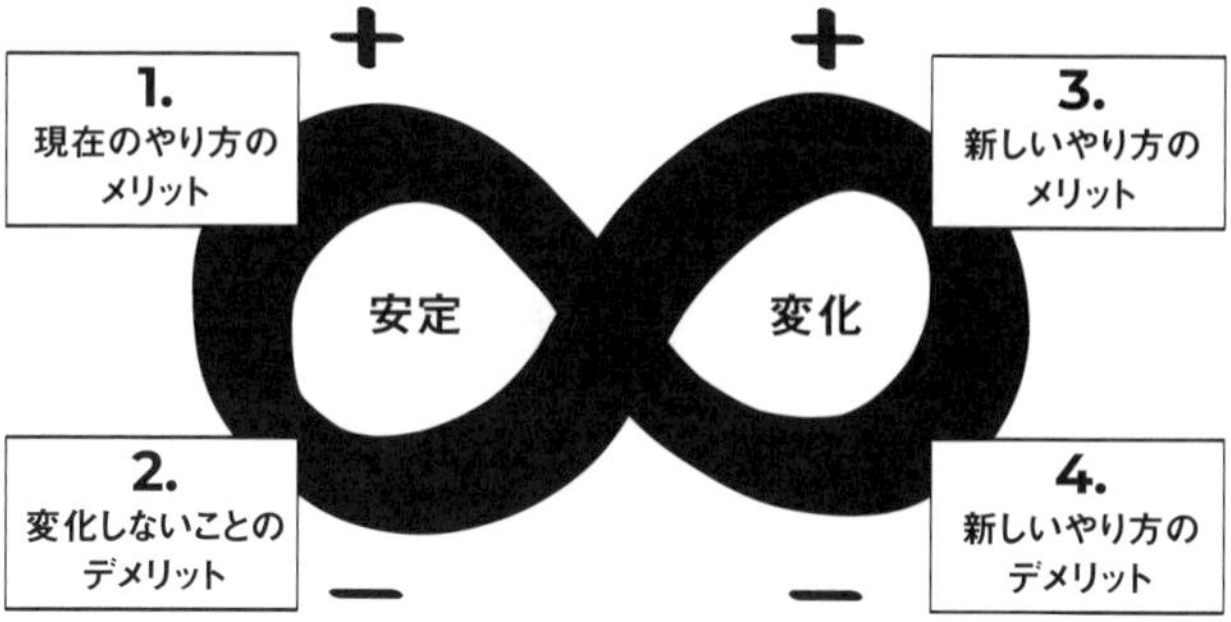

図表5-6　「安定」と「変化」のポラリティーマネジメント

図表5−6で「変化」と「安定」について説明すると、現在のやり方（＝安定）のメリット（左上）、変化しないことのデメリット（左下）、新しいやり方（＝変化）のメリット（右上）、新しいやり方のデメリット（右下）をそれぞれ羅列し、どのように全体をコントロールしようかと判断していくのです。

4つのメリット・デメリットが無限ループのかたちになっています。それは、解決するまで一本道で進めることはできず、行きつ戻りつ、振り子のようになっていることを表しています。このように可視化することで、どちらかに寄せるのではなく、双方のメリット・デメリットを洗い出し、両方を管理する視点を持ってもらうのです。

TACKLING COMPLEXITYのアクティビティー例とその意図

「ポラリティーマネジメント」を進めるフレームワークが「ポラリティーキャンバス」（**図表5－7**）で、TACKLING COMPLEXITYのアクティビティーとして紹介します。

内容：「ポラリティーキャンバス」を作成する
集団・個人：個人

参加者自身にテーマを考えてもらい、そのテーマにおける現在のやり方（左）と、新しいやり方（右）にある極性を見つけてもらいます。その極性を記載したうえで、以下について箇条書きします。

現在のやり方のメリットは何か？
（現在のやり方を進めると）さらにどんな成長や、伸びしろが考えられるか？

POLARITY CANVAS
自分のテーマ：
両極性：左
右
1. UPSIDES
現在のやり方のメリット
3. UPSIDES
新しいやり方によるメリット
ACTIONS
さらにどんな成長余地、伸びしろがあるか?
ACTIONS
さらにどんな成長余地、伸びしろがあるか?
現状維持
革新的
2. DOWNSIDES/FEARS
変化しないことのデメリット
4. DOWNSIDES/FEARS
新しいやり方のデメリット
DANGER SIGNALS
失敗をにおわす危険信号は?
DANGER SIGNALS
失敗をにおわす危険信号は?

図表5-7　ポラリティーキャンバス

変化しないことのデメリットは何か?
（現在のやり方において）このままではまずいと気付く危険信号は何か?
新しいやり方のメリットは何か?
（新しいやり方を進めると）どんな成長や、伸びしろが考えられるか?
新しいやり方のデメリットは何か?
（新しいやり方を）これ以上進めてはまずいと気付く危険信号は何か?

そうしたうえで、現在のやり方（左）と新しいやり方（右）の両方を踏まえてうまくやっていくにはどうすればいいかを考えて、発表してもらいます。このアクティビティーを通じて、「ポラリティーマネジメント」を体験してもらいます。

これはネタ出しにすぎず、実際はここで書き出したものをもとに計画したり、コミュニケーションの方法を探ったりします。

「ポラリティーマネジメント」で押さえておかねばならないことは、人は両極端なものを好まない、人の脳はそういうふうにはできていないということです。しかし、未知な状況で何かを成すには複雑な状況で「問題を解決する」と進んでいくのではなく、「両極端なものを管理する」と捉える訓練が必要だと理解することが大切です。

こういった視点と分析、それに基づく行動計画を作成し、個人的および職業上の目標に向かって自らを動機付け、導く能力を養います。このような「リーダーシップ」と「学習」も、互いに不可欠な関係にあると言えます。

TACKLING COMPLEXITYにおける人材育成の視点

TACKLING COMPLEXITYの一部として「倫理」と「尊重」があります。ここで、他者との関係に関する観点について補足します。開放性と信頼関係を解いたもので、チームで仕事をする際、人と人の関係が深いほど、複雑な仕事をやりこなすことができるという考え方です。これを「オープンネス・アンド・トラストスパイラル」といい

OPENNESS AND TRUST SPIRAL

開放性（率直さ、寛大さ）と信頼のスパイラル

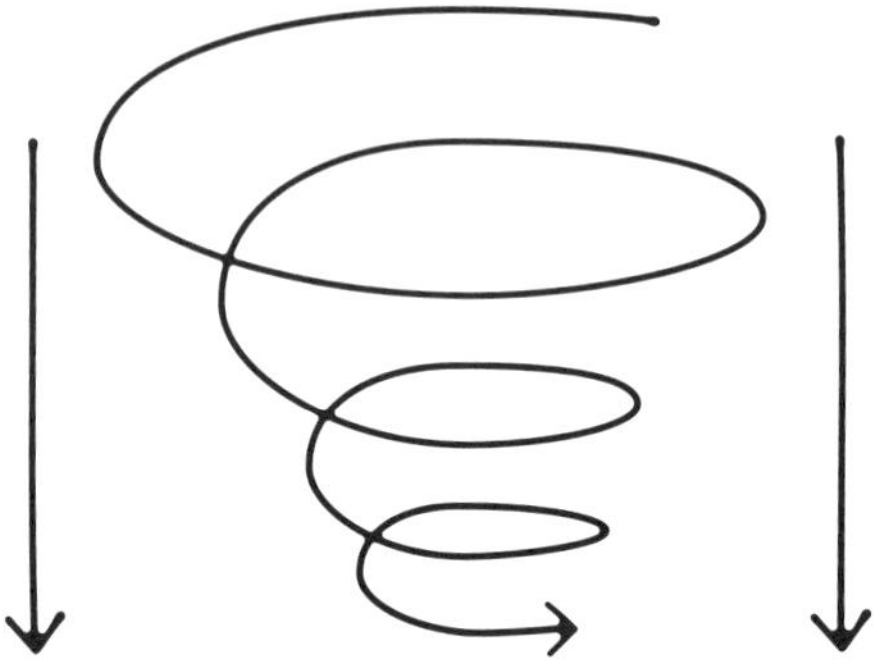

図表5-8　オープンネス・アンド・トラストスパイラル

ます（**図表5－8**）。

最初はお互いのことがよくわからず、慎重になり、互いに情報を開示していないチームを想像してください。そこで誰かが心を開いて共有すると、他の人との間に少しの信頼が生まれます。この信頼の高まりによって、他の人もよりオープンに共有するようになります。このサイクルが続くと、オープンな行動をとるたびに信頼がさらに深まり、オープンネスと信頼が継続的に強くなるというスパイラル効果を生み出します。

オープンにすることで、周りの人から反応が得られ、周りの人と関わりを持つことができ、自分の開放性、つまり率直であることや相手を受容することが信頼へつながり、その信頼がさらなるオープンネスをつくり出すということです。より複雑な仕事をやり遂げるためには、さらなる開放性が必要となります。

お互いの関係を築くために、オープンさと信頼を築く努力ができているか、仕事が複雑であればあるほど、よりオープンであることが求められるということを常に意識する必要があります。

第6章

サードエイジが自分らしく目的を再設定する「リパーパス」

6-1 人事部門とサードエイジが共に考えること

日本企業が取るべき戦略は「サードエイジの従業員をメタスキル人材へと育成すること」だと示し、メタスキルを習得するための方法論「CRAFTメソッド」について説明しました。これで一通りの説明は終わりですが、実は大事なことが抜けています。

会社が成熟世代に向かって「あなたにまだ頑張ってもらいたい」と言っても、それは会社側の都合であって、当人たちはそうは思ってくれません。成熟世代の立場に立てば、「なぜ、また会社のためにリスキリングしないといけないの?」と思うのが自然です。成熟世代の人たちは、これまで30年以上にわたって会社から与えられたミッションを果たしてきたと思います。人によっては「もう歯車にはなりたくない」「これまで培ってきたスキルでできることをしたい」と考える人もいるでしょう。

しかし、未来を見据えたとき、就業者が減り、事業の現状維持すら難しくなるのが日本企業の現実です。しかも、成熟世代はただの働き手ではなく、ＡＩ時代に価値をもたらす人材予備軍なのです。成熟世代のリスキリングは、日本企業の浮沈の鍵を握ると言っても大げさではないように思います。

当の成熟世代も人生１００年時代を迎え、60歳以降の人生設計をしようにも、自分より少し上の世代を参考にすることはできず、よいロールモデルはありません。ただ、健康面で不安がなく（たとえ不安があったとしても、管理したり折り合いをつけたりしながら）、自分のスキルを高めることで会社に貢献できるなら、「よし、やってみよう」と考える人はたくさんいるでしょう。そういう成熟世代の人材をサードエイジと呼ぶのです。

これまでの企業は、おおむね50代で役職定年となり、60歳で定年という人事制度でした。要は、一定の年齢に達すると現場のメンバーとして、人によっては20年くらい前に行っていた業務を改めてやるという制度です。そういうやり方しかできなかったのです。メタスキルを習得したサードエイジはどんな場所においてもその価値を高める役割を果たせますが、そのような役割をもつ人材登用制度は、日本企業にはまずありません。

どうすればいいのか人事部門は考えていかねばなりませんが、サードエイジ側も受け身で待っている場合ではないと思います。サードエイジ側が試行錯誤を重ね、「我々はこんなことができる」と証明し、周囲への好影響を示しながら、会社の中で自分たちの居場所を確保することも必要になるでしょう。会社に任せるのではなく、サードエイジ側も一緒に考え、行動していくということです。

正解が曖昧で不確実な時代において、自分を起点とした問いを持つことで当事者意識を持ち、代替できない価値を創り存在理由を示し、判断基準の助けとなる美意識を磨き、社会を良い方向へ導く役割意識を自覚する必要があります。

その前提として欠かせないのが、サードエイジ自身が「自分らしく目的を再定義する」ことです。本章の狙いはそこにあり、その方法論を「リパーパス」と名付けています。リパーパスを実践すると、未来に向けて将来の自己像のレパートリーを広げ、具体的なアクションプランを策定することができます。

リパーパスは、4つのステップからなります。ステップ1では「パーソナルストーリー」で自分の価値観を知り、ステップ2では「生きがいメソッド」で自分らしさを知ります。ステップ3では「スラッシュキャリア」を使って新たな領域をプラスし、ステップ4で自分の幅を広げるための「アクションプラン」を作成し、やるべきことを明確にします。

順に説明します。

6-2 ステップ1「パーソナルストーリー」で価値観を知る

パーソナルプレゼンテーション

自分を開拓するには、まず、「今の自分はどういう人なのか」を把握することから始めねばなりません。そのために、「パーソナルプレゼンテーション」というアクティビティーを実施します。このアクティビティーのゴールは、自分が本当に大事にしている価値観を自分で把握することです。

パーソナルプレゼンテーションでは、まず自分自身を見つめ直し、どんな人間なのかを語ってもらいます。ただし、いきなり「自分語りをしてください」と言われても、人によっては自分のいいところばかりをアピールすることもあります。自分を客観的に把握するには、自分のいいところも悪いところも含めて、自分のパーソナリティーを見つめ直す必要があります。

そのための手法として、「自分独自の視点を形成したことは何か」を振り返るアプローチが有効です。次のような問いに答えることで、人と自分の違いに気付いたり、自分はこういう個性を持っているんだと気付いたりすることができます。

- 自分自身や世界について新しい視点を得た出来事は何か?
- 自身の変化を強いられた状況にはどんなことがあったか?
- 自分を満たしてくれることや、情熱を傾けられるものは何か?
- 心の奥底で恐れていることは何か?
- 自分に才能があると知ったのはどういう場面か?
- 自分の原動力となるものは何か?

このように自分を客観的に見つめたら、次は、自分は「こういう人間なんだ」という物語を作成します。それは、「こういう出来事でこんなことに目覚め、こんなことに情熱を傾けているけど、実はこんなことを恐れていて、自分の原動力はこういうものなんだ」といった、人に伝えるストーリーです。こういう作業を通じて、自分が本当に大事にしている価値観に気付くことができます。振り返る時間はたっぷり取っても構いませんが、ストーリーは写真やイラストを使用して端的に、3分程度で人に伝えられるように工夫します。

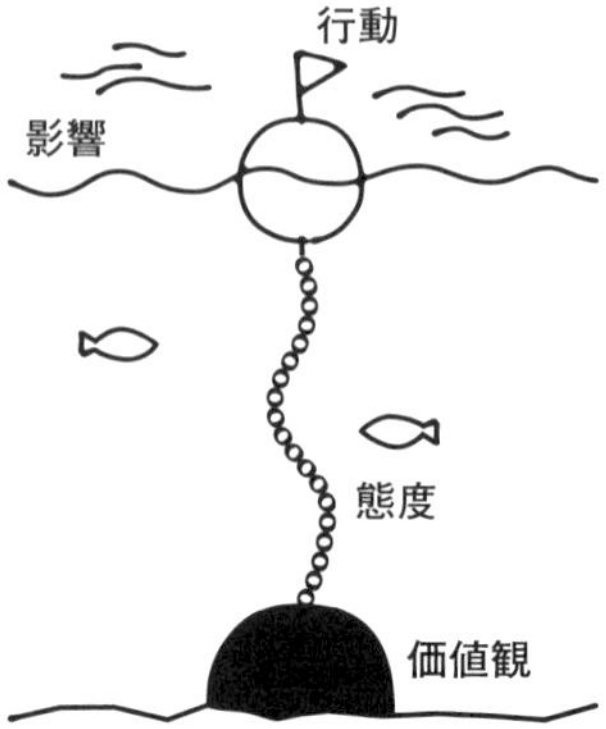

図表6-1　価値観のブイ

価値観のブイ

ここで、価値観とは何かについて、掘り下げてみます。価値観とは、**図表6－1**にあるような海の底に沈んでいる「アンカー」というメタファーで表現できます。価値観というのは、人にずっしり

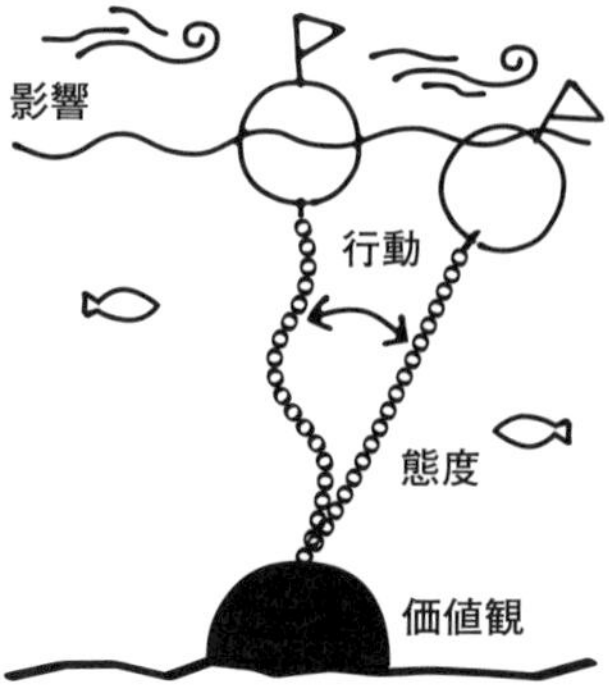

図表6-2　環境が変化している時の価値観のブイ

と根付いていて、そんなに簡単に変わるものではありません。

人の「行動」は図にあるように「ブイ」というメタファーで表現でき、周りの状況に大きく影響されます。行動《ブイ》は価値観《アンカー》と鎖でつながっており、ブイはゆらゆらと水面や水中を動きますが、アンカーは簡単には動きません。

環境が激しく変化し、例えば荒波に襲われれば、鎖が強く引っ張られてブイが水面から沈んでしまうようなこともあります（**図表6－2**）。これはすごく苦しい状況を表していて、そうした状況に対処するために鎖を延ばすこともあれば、人によっては思い切って環境を変えることを選ぶかもしれません。

後者は、「転職する」こともメタファーとして含まれます。自分の価値観と会社の価値観が大きくくずれていればブイは沈んでしまい、そうした環境でいくらもがいてもブイは浮かないので、自分のブイを居心地のいい状態で浮かべるために場所を変えることをいっています。価値観とは、こういうものです。

6-3 ステップ2「生きがいメソッド」で自分らしさを知る

パーソナルプレゼンテーションを通して自分の価値観を客観的に把握できたら、次は、自分の目的を再定義するために、自分の「生きがい」を可視化します。

「あなたは職場でどの程度やりがいを感じていますか？」。このように質問されたら、あなたはどう答えますか？

「あまり感じていない」と答えた読者は少なくないと思います。それは、多くの研究結果が示しています。ギャラップによると、世界中の従業員の約80％は仕事に熱心ではないか、積極的ではありません※。

※ https://www.gallup.com/workplace/285674/improve-employee-engagement-workplace.aspx

熱心ではない理由として、次が挙げられています。

- 自分のしている仕事の影響力に疑問を感じている。
- 組織のミッションや価値観とずれていると感じている。
- 自分の仕事の内容や進め方に対するコントロールに限界を感じている。
- キャリア開発の機会が不足している。
- 自分には活用されている以上の可能性があると感じている。

これだけの不満を抱えているにもかかわらず、大胆な一歩を踏み出さないでいるのはなぜでしょうか？　多くの場合「恐れ」です。不確実性への恐れ、リスクへの恐れ、脆弱さを感じることへの恐れ。安全で安心と感じられるところから一歩踏み出し、危険で不確実と感じられる状況に足を踏み入れることは、人間が本来嫌うものです。

しかし私たちは、自分の可能性を最大限に発揮するには、時にはコンフォートゾーンの外へと大胆な一歩を踏み出さなければならないことも知っています。

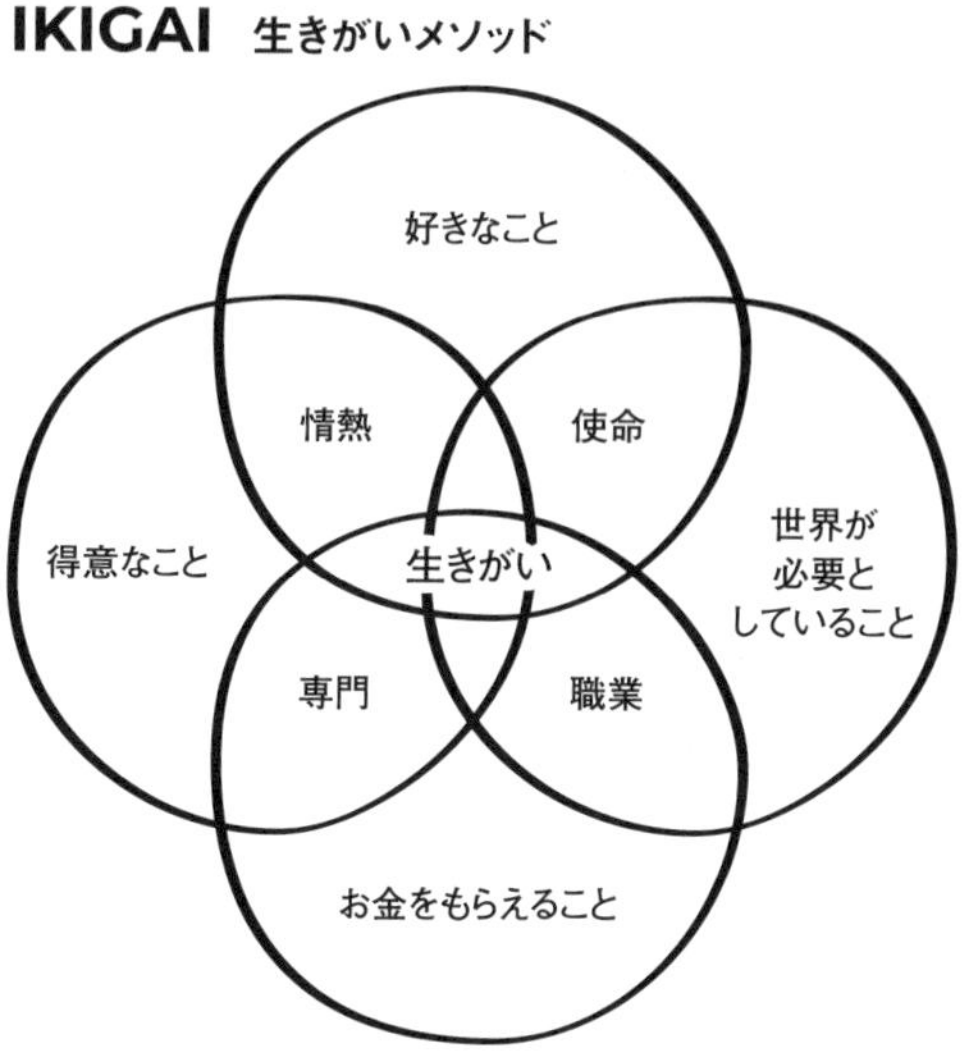

図表6-3　イキガイ図

ikigaiを生み出す「4つのこと」

日本では昔から仕事と人生の質を向上させる「生きがい」という言葉を使ってきました。それが世界に広まり、新たな概念を加えた「ikigai《イキガイ》」となって、日本に逆輸入されてきています。

「ikigai《イキガイ》」とは「生きる理由」を意味し、「好きなこと」「得意なこと」「世界が必要としていること」「お金をもらえること」の4つが交差する点として表現できます（**図表6－3**）。

好きなこと

「好きなこと」とは、あなたが情熱をもって取り組めることです。仕事や趣味、ライフスタイルにおいて、時間を忘れて没頭できる活動や、心から楽しめることを指します。この段階では、稼げるかどうかは考えなくて構いません。「お金をもらわなくても続けたいかどうか」という点も一つの基準になるでしょう。「好きなことがわからない」という場合は、子どもの頃に夢中になったことを思い出してみるのも効果的です。

得意なこと

「得意なこと」とは、あなたがスキルや能力を発揮できる分野です。これには、他人よりも上手にできること、専門的な知識や技術、経験を持つことが含まれます。あなたが他の人よりもスムーズに、苦労せずにできることは何かを考えてみましょう。それは、周りから「すごいね」「これについて助けてくれない?」と言われるようなことかもしれません。何度やっても苦にならず、むしろ楽しんでできるような作業があれば、それも得意なことの一つです。これまでの人生で、特に成功したことや認められた経験を振り返ってみてもよいでしょう。

世界が必要としていること

「世界が必要としていること」とは、社会やコミュニティーが求めるニーズや、他者のために役立つ活動を指します。ここでは、あなたの「好きなこと」や「得意なこと」が、どのように他者や社会に貢献できるかを考えます。世界が必要としていることに応えることで、あなたの行動に深い意義や目的が生まれ、より大きな社会的影響力を感じることができます。さらに、社会に貢献することで、自己の存在意義を強く感じることができ、持続的なモチベーションを維持しやすくなります。このように、「世界が必要としていること」に焦点を定めることで、自己実現と社会貢献が調和した充実した人生を築くことができるのです。

お金をもらえること

「お金をもらえること」とは、あなたのスキルや活動が収入源となり、経済的に自立できることを指します。これは、好きなことや得意なことが、他者にとって価値を持ち、その対価として報酬を得られることを意味します。この要素は、経済的な安定をもたらすだけでなく、自分の仕事に対する満足感を高める要素にもなります。お金をもらえることで、あなたの活動が持続可能となり、生活の質を向上させることができます。

ikigaiのアクティビティー

みなさんにも、次に示すアクティビティーをお勧めします。

内容：目的を再活性化するイキガイ・エクササイズ
準備：ノートとペン
時間：30〜60分
集団・個人：個人

「好きなことは何か?」「得意なこと何か?」「世界が必要としていること何か?」「お

金をもらえることは何か?」という問いに対して、1人で30〜60分間考え、**図表6—3**のようなイキガイ図をノートにスケッチします。

それぞれの問いに対して思い浮かんだことを書き留め、それぞれの円の中に書き、最後に、あなたの「イキガイ」を表現する一文を中心に書きます。それが簡潔であれば、洗練されている必要はありません。

6-4 ステップ3「スラッシュキャリア」を使って新たな領域をプラスする

生きがいメソッドを通して自分の生きがいを再発見し言語化することができたら、次に自分のキャリアや今までやってきたこと以外の可能性について考えていきます。

現在のスキルや知識の賞味期限は短くなり、自動化が急速に進んでいます。この不確実で不安定な状況の中で、多くの人は、たとえキャリアに刺激がなく、意義がないと感じていたとしても、安定した一つの仕事にしがみついているのかもしれません。

しかし、変化はチャンスでもあります。圧倒されるように感じても、私たちが生きている「デジタル時代」は、プロフェッショナルとしての成長の可能性に満ちています。新しい職種や産業が次々と登場しているので、現在の状況をすぐに変えることはできなくても、現業以外の肩書を持つこともできるはずです。そこで役立つのが「アートシンキング」という思考法です。

思考法といえば、「ロジカルシンキング」や「デザインシンキング」があります。ロジカルシンキングは顕在的な課題を解決する思考法で、分析的なアプローチを取ります。この思考法では顕在化している課題しか解決できないので、潜在的な課題を解決する思考法としてデザインシンキングが登場しました。これは共感的なアプローチです。

これらは相手ありきの課題解決のアプローチであり、今求められている「自分のキャリアや今までやってきたことではない価値の提供を考える」のには適しません。そこで役立つのがアートシンキングで、これは、主体的・衝動的で、自分の価値を存在させるために問いを立てていくというアプローチを取り、課題を解決するのではなく、自己動機を重視して「世の中のために何をすべきなのか」を見いだしていくことができます。

「自分のキャリアや今までやってきたことではない価値の提供を考える」ために、アーティストの考え方を借りて、「自分のメタファーをつくる」というアクティビティーを実施します。具体的には、スラッシュ（／）キャリアというもので、もう一つの自分のキャリアを考えるのです。

そのもとになる情報は、パーソナルプレゼンテーションを通して得た自分の価値観と、生きがいメソッドによって整理された自分の存在理由です。「この価値観を持っているなら、こういう職業がふさわしいのでないか」「自分の存在理由を最もよく表現できる職業は何か」と考え、それをセカンドキャリアとして自分のキャリアにスラッシュをつけて追記するのです。

例えば、「芸術家／起業家」とか、「医者／作家」とかです。副業を見つけるような感覚です。実際、2つ以上の肩書を持っている人は、自分のスキルや興味に基づいて、自分自身を表現する方法として複数の職業をしているのだと思います。この際に注意することは、「女優とモデル」「医師と研究者」というのは、隣接する職業なので、スラッシュキャリアとして成立しないということです。

キャリアといっても、職業や肩書にとらわれる必要はありません。例えば、動物が好きなら「動物保護活動家」というキャリアがふさわしいかもしれません。要は、自分がこれまで積み上げてきたキャリアの延長ではなく、パーソナルプレゼンテーションや生きがいメソッドなどを通して自分を客観的に見つめることで、自分起点で「私はこんなことができるのではないか」と別の道を見いだすのです。

スラッシュキャリアは、自分のキャリアに隣接しないものを見つけていくことになります。時代とともに変わってもよく、次のような問いを通して見つけることができます。

- 映画のキャラクターにたとえると？
- 車のパーツにたとえると？
- 幸せを感じるのはどんな時？

- 大きな達成感を抱くのはなぜ？
- ものすごく厄介なプロジェクトを任された時、どんな手段を使う？
- 他人からよく言われる「あなたって○○だね」は何？
- 明日好きなことができるとしたら何をする？（ただし、人の役に立つこと）

6-5 ステップ4「アクションプラン」でやることを明確にする

スラッシュキャリアをもとに、いよいよ具体的なアクションプランを策定するアクティビティーを行います。勤めている会社から与えられた役割だけではなく、社会に起きているトレンドなどを理解したうえで、これから先、自分はどんなことができるようになるのか、自分がなりたい姿はどんな姿なのか、そうしたことをイメージしていきます。自分が変えたいと思っていること、活性化させたいと思っていることを考えて、そこに向かって今日から始められることを見つけていくのです。

リパーパスのゴールは、大きな目標を確定し、そこに向かって進んでいくことではありません。リパーパスで重要なのは、自分の将来の自己像のレパートリーを広げることです。スラッシュキャリアや、それに基づくアクションプランは、レパートリー

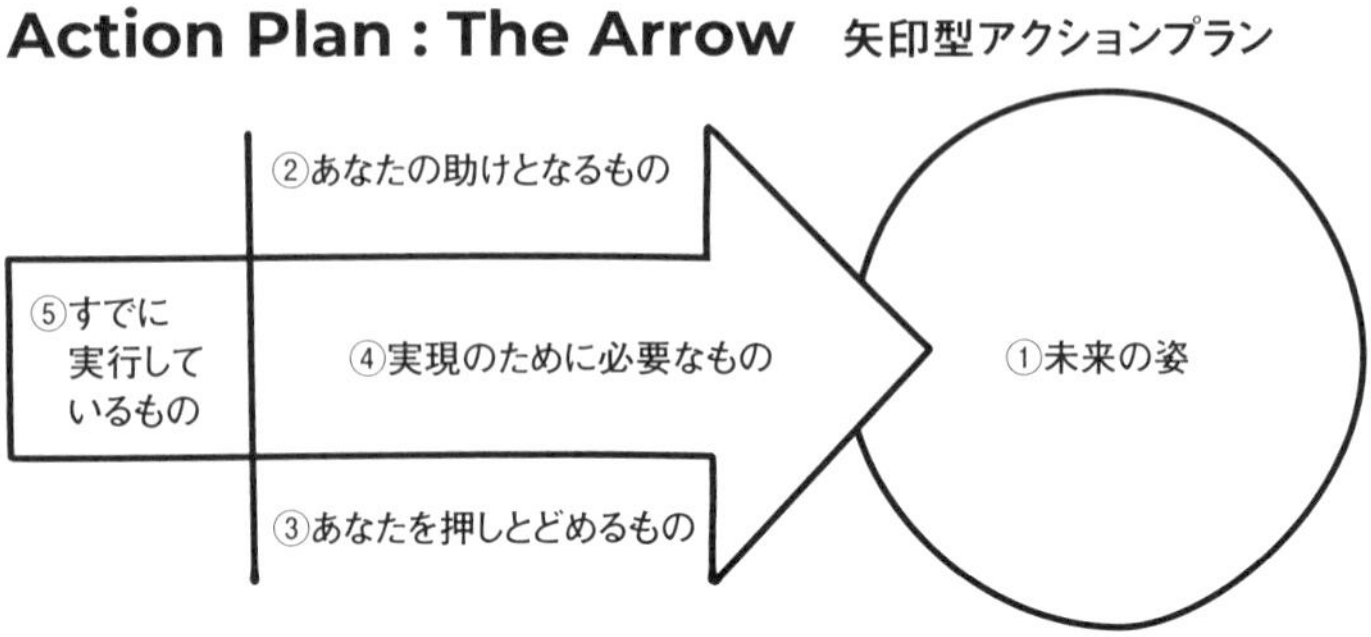

図表6-4　アクションプランの立て方

を広げる手段なのです。

アクションプランの策定は、**図表6－4**のように5つのステップ（①～⑤）で進めます。

まず、①自分の未来の姿を思い浮かべます。あまり遠い先ではなく、リアルなイメージを持って、未来を自分に引き寄せられるよう、1年後くらいの未来の具体的な姿を想定します。1年後、自分は誰と一緒にいて、周りには誰がいて、そして何を達成しているのか、何に取り組んでいるのか、そのために平日はどんなことをやっているのか、こうしたことを描くのです。

以降については、未来の姿を念頭に置いてバックキャスト的に思考します。

1年後にこうなっているとしたら、そこから振り返るように考えて、②あなたの助けになっているものは何かをイメージします。例えば1年後の未来の姿を「これまでになかった収益モデルを確定している」としたとき、その助けになるのは「スタートアップ企業の方法を学べた」とか、「好意的な社内の後押し」とか、「共創できるクライアントとの出会い」とか、です。

さらに、バックキャスト的に、失敗しそうになったとして、その理由を考えます。これは③「あなたを押しとどめるもの」になります。3つくらいあれば十分です。例えば先ほどの収益モデルの例なら、「何かが先延ばしになった」とか、「社内ルールが足かせになった」とか、「従来の案件にリソースが割かれてしまった」とか、です。

そして、④実現のために必要なものを洗い出し、それを時系列に並べます。その際、③で考えたことを想像すれば、必要なものに漏れがなくなってきます。例えば収益モデルの例なら、「クライアントの課題の真因を探る」とか、「社会的に意義のあるビジネスを妄想する」とか、「事業計画書を作成しよう」とか、「POCをつくろう」とか、

「フィードバックをもらって改善を重ねていこう」とか、なくてはならないタスクと、その順番が明らかになっていきます。もし自分のために習得するべきスキルが必要だと思うなら、それはどんなスキルなのか、関連する研修や習得方法も洗い出していきます。

ここまでくれば、④で並べた作業を見て、目標に対しすでに実行していることがないかを探し、⑤に記載します。もし普段から「クライアントの課題の真因を探って」いたり、「社会的に意義のあるビジネスを妄想」していたりするなら、それを記載してください。もしかすると、④の中にすでに始めていることを見つけるかもしれません。その場合は、図の⑤のところに配置し直します。これで、1年間の計画、つまり、アクションプランの完成です。

ここで示したアクションプランを毎年のように立て、数カ月ごとに見直していければ、自分のやれることの範囲がどんどん広がっていきますし、何より生涯にわたって学習を続けていくことになります。そうなると、これまでのキャリアに縛られず新たな価値提供を模索することにつながり、会社側も想定していなかったような価値提供がもたらされるかもしれません。それは、会社にとっても大きなプラスとなるはずです。結果的にサードエイジにおけるリパーパスの狙いである「自分の目的を再定義する」が達成されるということです。

「目的意識」と「行動力」を忘れないことがポイントで、そのために意識してほしいことを次に示します。これは、アダム・グラントの著書『Think Again』を参考に、私が選抜したものです。


1・再考する習慣を身につける（アイデアを仮説として捉え、実験してみる）。

2・信念ではなく価値観に基づいて自分を定義する（固定概念ではなく、価値観を通して自分と向き合う）。

3・挑戦的ネットワークをつくる（応援してくれる人だけでなく、自分と異なる意見の人と関わる）。

4・自信度を調整する（自分の能力を過信しないで、物事を詳細に説明できるか考えてみる）。

5・自分の失敗を喜ぶ（自分の力量を証明するよりも、自分を向上させることに注力する）。

6・説得力のある傾聴法を身につける（相手に心を開いてもらうため、純粋な関心を示す）。

7・ベスト・プラクティスを払拭する（ルーティンをやめ、効率のよいベターな手法を常に模索し続ける）。

8・10年計画は立てない（情熱は発見ではなく発達するもの。ワンステップ先を決めて、視野を広く持つ）。

9・カレンダーを埋めない（時間をつくり、思考したり学習したりする時間を確保する）。

10・幸福を追求しない（幸福は追求すると逃げていき、楽しみや喜びは持続しない。他社への行動や貢献を通じて意味や意義を見いだす方がいい）。

6-6 高い主体性を持つ

これで「リパーパス」の説明は終わりですが、最後に、リパーパスを推進する考え方を示しておきます。それは「影響力の輪」を広げるために「高い主体性を持つ」ということです。

影響力の輪

主体性について考える際に大事なことは、「自分の人生でコントロールできることと、できないこと」をきちんとつかんでおくことです。人生のすべてが自分の思い通りにはなりませんし、自分ではどうしようもないことに振り回されていると、主体性

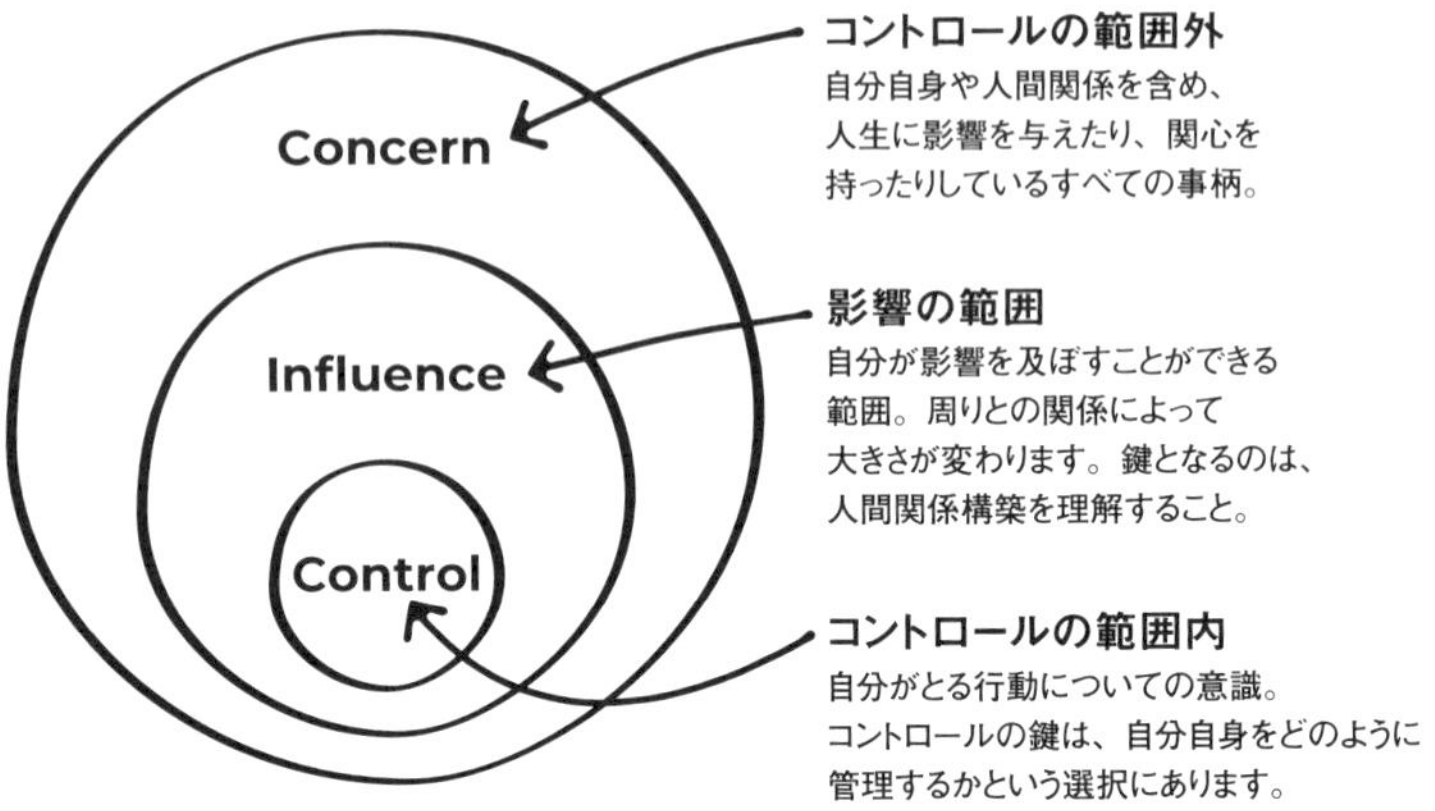
Concern
Influence
Control
コントロールの範囲外
自分自身や人間関係を含め、人生に影響を与えたり、関心を持ったりしているすべての事柄。
影響の範囲
自分が影響を及ぼすことができる範囲。周りとの関係によって大きさが変わります。鍵となるのは、人間関係構築を理解すること。
コントロールの範囲内
自分がとる行動についての意識。コントロールの鍵は、自分自身をどのように管理するかという選択にあります。

図表6-5　影響力の輪

を持てなくなります。

自分でコントロールできることを把握するのに有効な考え方に、「影響力の輪」があります（**図表6－5**）。図の一番中心にあるのは「コントロールの範囲内」で、自分で直接コントロールできることを示しています。自分の行動や意識などは、ここに含まれます。外側にあるのが「コントロールの範囲外」で、自分ではコントロールできないことを示しています。自分に何らか影響を与える、または、自分の関心事ではあるけれど、自分の影響力は及ばない範囲です。

その中間にあるのが「影響の範囲」で、自分が影響を及ぼすことができる範囲を示しています。周りとの関係において、自分が影響を与えていける範囲です。この影響の範囲のことを「影響力の輪」と呼びます。コントロールの範囲内とコントロールの範囲外は固定的ですが、その中間にある影響力の輪は固定ではなく、動かすことができます。つまり、自分の影響の範囲が広くなったり、狭くなったりするということです。

自分ができることや影響力を与えられることに集中すれば、影響力の輪は広がります。これを「プロアクティブフォーカス」といいます。逆に、自分の手に負えないことや自分ではどうすることもできないことに時間やエネルギーを費やしてしまうと、影響力の輪は狭まります。これを「リアクティブフォーカス」といいます。

自分の行動や思考がプロアクティブフォーカスなのか、それともリアクティブフォーカスなのか、どちらにあたるのかを見極めることにより、自分のマインドセットは大きく変わっていきます。影響力の輪を広げよう（プロアクティブフォーカス）と行動すると、主体的な行動になります。自分自身の意思決定や自由時間の過ごし方も、変わるかもしれません。

逆に、影響力の輪を狭めてしまう考え方をしていると、人は積極的ではなく反応的な考え方になっていきます。例えば、他人の成功を羨んだり、他人が持っているスキルと比べて自分はこのスキルが足りないと考えたりすることです。「明日の天気はどうなるだろう」と考えても、どうしようもないですよね。政治などのニュースについても、情報としては必要だけど、自分が直接関われることでなければ、「どうなってしまうのか」と考えても仕方がありません。

言い換えると、自分を変えることはできるけれど、人を変えることはできないのに、人の言動を見聞きして「なぜそんなことをするのだろう」と自分の時間やエネルギーを注いでしまうようなことです。こういう思考をしていると、だんだん反応的になっていきます。

主体性を持つには、これからあなたが注力することがプロアクティブフォーカスになるように意識することが大事なのです。

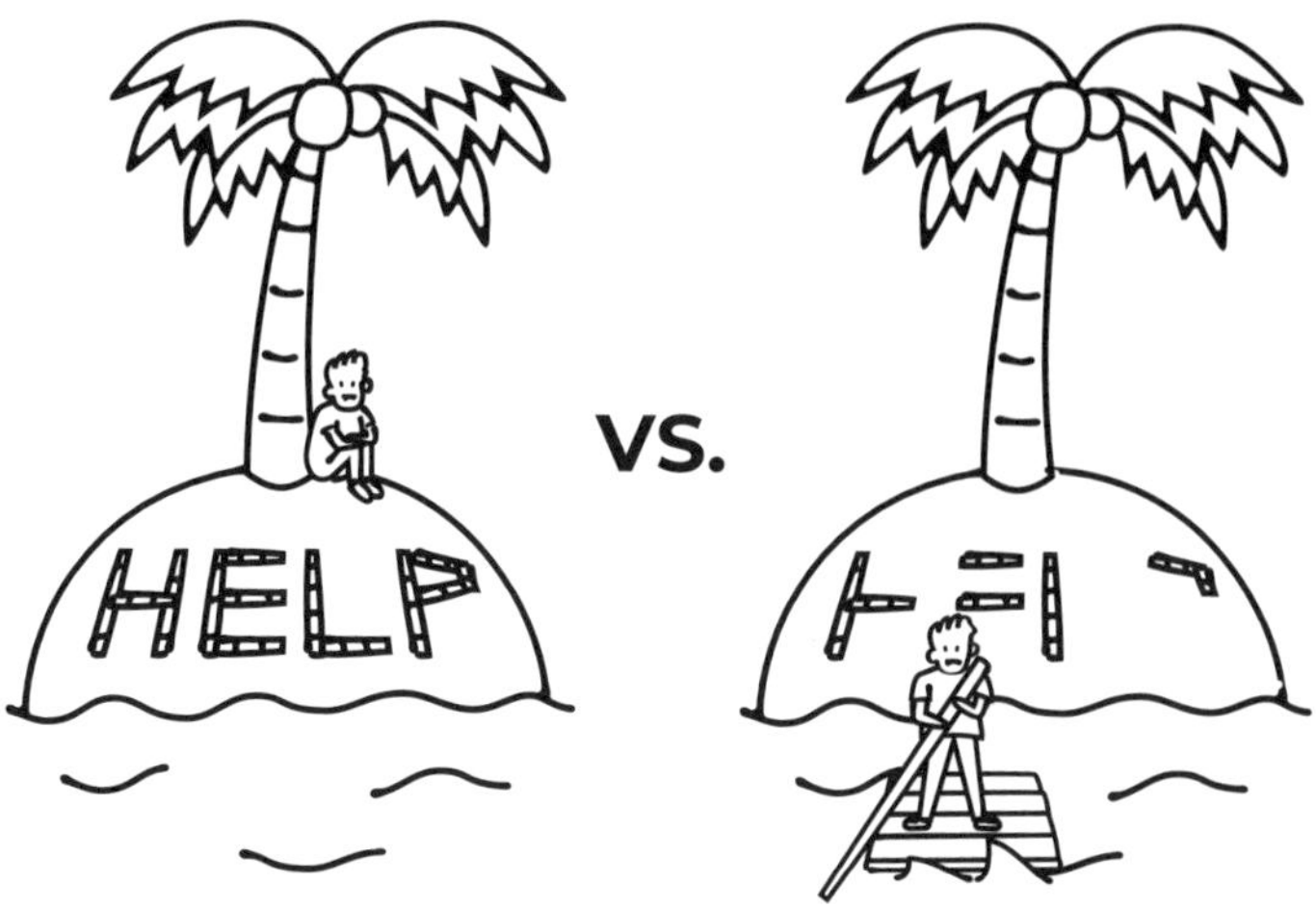

図表6-6　低い主体性と高い主体性

高い主体性と低い主体性

次に、主体性について掘り下げていきます。主体性を持っている人は、より良くするために意識的な選択をし、意図的な目標を定め、その目標を達成するための行動を特定しています。ここでよくある勘違いとして、ポジティブであればより主体的かというと、そういうわけではありません。例で示します。

無人島に置き去りにされた人がいるとします。**図表6－6**左の人は、島に落ちている木を使って「ＨＥＬＰ」という字を書きました。この人は積極的な行動を取っているとは思いますが、実はあまり主体的だとはいえません。この方法では近くにたまたま船が通りかかり、見つけてもらうのを待つしかありません。目的は島を脱出することですから、積極的な選択をしているとはいえないのです。

それに比べて**図表6－6**右の人は、島に落ちている木を使っていかだを作り、島から脱出しています。目的に沿った行動をしていることから、こちらの方が高い主体性を持っていると言えます。

主体性には高い・低いというレベル感があり、これは、先ほどのプロアクティブフォーカス、リアクティブフォーカスという考え方につながっていきます。例えば、人から「あなたにとってそれは無理だよ」と言われたとき、「そうだよな無理だよな」と諦めてしまうのはリアクティブフォーカスで、「なぜあなたはそう思うの？　私はこう思うのだけど」と相手と共に考え直すような言動は影響力の輪を広げることにつながるのでプロアクティブフォーカスです。プロアクティブフォーカスを意識づけしていけば、高い主体性を持てるようになります。

エピローグ

第5章ではメタスキルを習得するための「CRAFTメソッド」、第6章ではサードエイジが「自分の目的を再定義する」ための「リパーパス」について説明しました。当事者の立場に立てば「非常に多くを学ばねばならない」と感じていると思います。そこで、「CRAFTメソッド」や「リパーパス」を設計しファシリテーションしてきた実績に基づいて、人々がこれらをどのように習得しているか、その仕組みを紹介します。

CRAFTメソッドもリパーパスも、「体験型の学習サイクル」に基づいて設計されています。机上で知識を詰め込むのではなく、実際に体験し、その体験を主体的に観察して自身の反応や経験を振り返ります。振り返ることで経験を概念化し、そこから自分なりの結論を導き出して、新たな行動やアプローチを積極的に試すのです。そ

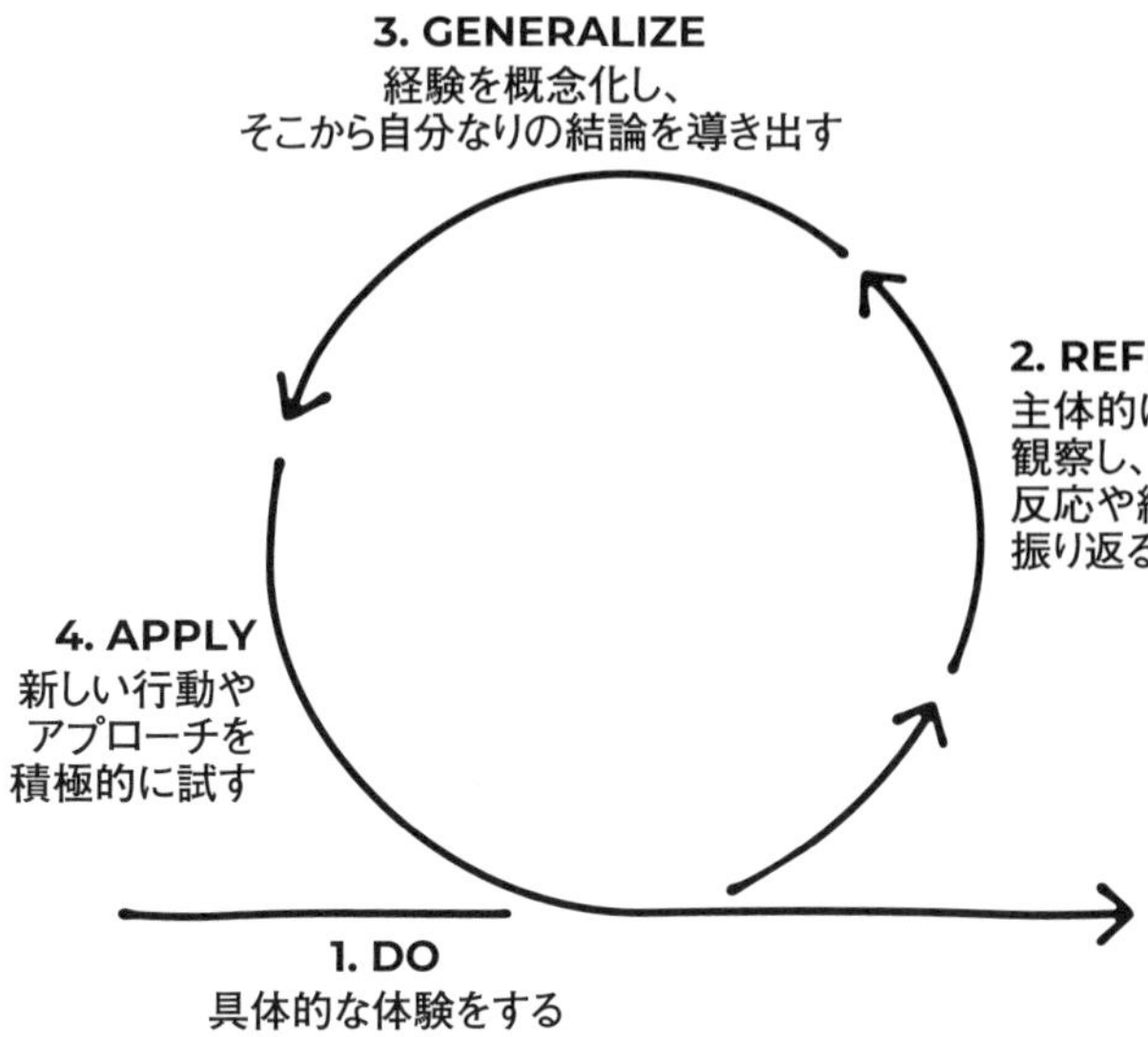
2. REFLECT
主体的に体験を
観察し、自身の
反応や経験を

図表E-1　体験型の学習サイクル

してその試みが新たな体験となり、ループが繰り返されます（図表E－1）。

その中で養われるのは、自分の思考や行動を客観的に捉える能力（これを「メタ認知」という）であり、すべてから何かを学ぶという生涯学習の姿勢です。

この学習サイクルの鍵となるのが、「リフレクション（振り返り・内省）」です。おそらくほとんどの人が無意識に今日の出来事を振り返ったり、考えたりしているはずです。しかし、スマートフォンアプリやSNSなどをスキマ時間に見ていて、意識的に内省する時間を作らないと、自分の考えに向き合えないということもあるかもしれません。

リフレクションは、慣れればお風呂につかっている時間や電車での移動時間などでもできるようになります。まずはその基本的なやり方を習得し、習慣化することが大切です。

内省プロセスは、以下の通りです。メモを取れるように準備することをお勧めします。

1. 少し時間をとって、今この瞬間に集中します。内省プロセスを促進するため、急ぎの仕事は片付け、重要なメールの返信は済ませましょう。可能であれば、静かな場所に行きましょう。

2. 自分の身に起きたこと、誰かとの交流、印象的な出来事など、どのような経験に焦点を定めるかを決め、印象的だったことを書きます。

3. 次に、その出来事に対して自分がどのように感じたか、どのように反応したかを書きます。

4. そしてそこから得られた気付き、自分はそこから何を学んだのか、洞察や結論のようなものを書きます。

5. 最後に、学んだことを今後の改善にどう生かしていけるか、自分が今後どのような行動が取れるかについて書きます。

必要であれば、考えを整理する過程で出てきた考えやアクションの期限を設定し、友人や同僚と共有することもよいことです。相手は、あなたがそれらを実行するか見守ってくれたり、サポートしてくれたりするかもしれません。

このような体験型の学習プロセスにおいて、まず「認識」し、「発見」し、「活性化」または「強化」することで人は学んでいきます。ところが、人生経験豊富なサードエイジが体験型学習サイクルを実践し、「自分の思考や行動から学ぶ」ことができるようになると、過去の自分の行動からも学ぶことができ、「体験型の学習サイクル」を高速で回すことができます。「認識」「発見」「活性化／強化」ではなく、「再認識」「再発見」「再活性化／再強化」という3つのプロセスになり、学習効果は非常に高まります。

サードエイジは、大きなポテンシャルを秘めています。「サードエイジをメタスキル人材に育成して世界をリードする」。繰り返しになりますが、日本企業が取るべき人材戦略はこれであるように思います。

この戦略を共有し、もっと多くの人と関わり、試行錯誤をしていくために本書を書きました。サードエイジの生きた経験、ものの見方、そこから出てくる美しい問いを組織の大きな力に変えていくため、できることがたくさんあるはずです。学び続けるための仕組みを構築し、機会を提供し、サードエイジを単なる成熟世代の置き換えではなく、みんなが憧れるような存在だと認識できるように、期待感や気運を醸成する必要があります。

どのような取り組みが適しているか、それは組織の社風（組織にも人間のように個性や特徴があります）、事業規模などによって答えは様々だと思います。正解は一つではないのです。私はぜひこの本を読んだ方が実践したことや、考えた取り組み、人材戦略のアクションについて聞いてみたいと思っています。ぜひアイデアを共有し、共に学び続けましょう。

おわりに

この本を書くにあたり、「サードエイジ」という言葉の扱いにとても苦心しました。使われ始めてはいるものの、あまり浸透していないワードであることに加え、高齢者や退職者と同じ意味合いで受け取る人がいるからです。サードエイジは経験豊富な現役を表す言葉です。まだ役目は終わっていないし、その力を出し惜しみする必要もありません。

私が学んだ（生涯学習者として現在も学び続けている）ハイパーアイランドは、従来の事実と知識を伝える教育機関とは全く異なる存在です。テクノロジーやＡＩとの向き合い方、未知の世界を切り抜ける術をもたらすことを目的としている学校であり、ユニークな知のネットワークとして存在しています。

この考え方を「次世代リーダーの育成だけでなく、サードエイジに適応したらどんなことが起きるだろうか?」。このアイデアについて、ハイパーアイランド アジアのマネージングディレクターであるPeachy Pacquingと共に考え始めました。そしてアジアチームとプログラムの目的/意図を定め、コンテンツを設計し、日本のサードエイジにとって最も効果を発揮できるように調整を加えました。

このアイデアを実現するために関わってくれた、ハイパーアイランド ジャパンのメンバー、どんな時も親身になってサポートしてくれるテイ・デイ・エスのメンバー、プログラムを導入してくださった企業、プログラムを受講し、たくさんのフィードバックを与えてくれたサードエイジの方々、みなさんのユニークな視点や鋭い洞察によって、インパクトをもたらすプログラムが実現しました。

みんなで創り上げたものであることは間違いありません。本当にありがとうございます。しかし、このプログラムに完成はないのです。日々変化する時代、環境によって常にアップデートし続けるからです。これからも、どうぞよろしくお願いします。

そして「サードエイジのためのリパーパス」という横文字だらけで何を言っているのかわからない考え方／体験を、書籍を通じて人に伝えるということに挑戦させてくださり、私の脳内を言語化し文字で表現する魔法を見せてくれた編集者の松山さんに心からの感謝と尊敬を贈ります。松山さんとの出会いは、私の人生において大きな出来事でした。

最後に、常に新しいことに挑戦し、インスピレーションを与えてくれるハイパーアイランド創業者のJonathan Briggs、「Intellectual Longevity（＝知的長寿）」という観点を示唆してくれたFredrik Månsson、私とハイパーアイランドが出会うきっかけをつくってくれた桃井美保と加藤勲、いつも支えてくれる夫と娘に大きな感謝を。

最後まで読んでいただき、ありがとうございます。この本の中で、何か一つでもハッとすることを見つけていただけたらうれしいです。今後、たくさんの経験やアイデアを共有しましょう！

２０２４年9月　森 杏奈

参考文献

- 『ドーナツ経済』
（発行：河出文庫、著者：ケイト・ラワース著、翻訳：黒輪篤嗣）

- 『THINK AGAIN 発想を変える、思い込みを手放す』
（発行：三笠書房、著者：アダム・グラント、監修・翻訳：楠木 建）

- 『Angel Investing: The Gust Guide to Making Money and Having Fun Investing in Startups』
（発行：Wiley、著者：David S. Rose）

- 『Metaskills: Five Talents for the Future of Work』
（著者：Marty Neumeier）

森 杏奈（もり・あんな）

株式会社テイ・デイ・エス 執行役員 ／ HYPER ISLAND ラーニングデザインディレクター

2001年テイ・デイ・エス入社。グラフィックデザイナー、アートディレクターとして活動しながら、NYでデザイン思考を学ぶ。その後、北欧発クリエイティブビジネススクールHyper Islandでデジタルマネジメント修士号を取得。2018年プロフェッショナルエデュケーションリードに就任。アート思考をビジネスに取り入れる手法を駆使し、日本のビジネスパーソンを対象としたデジタル人材育成やDXコンサルティングを専門とする。
2020年よりHyper Island Japanの責任者となり、ラーニングデザインとファシリテーションを実践している。

逆転のリスキリングとサードエイジの時代

企業の成熟世代を知的長寿にする人材育成メソッド

2024年10月21日 第1版第1刷発行

著者	森 杏奈
執筆協力・編集	松山 貴之
発行者	浅野 祐一
発行	株式会社日経BP
発売	株式会社日経BPマーケティング
	〒105-8308 東京都港区虎ノ門4-3-12
装丁	森 杏奈・山原 麻子(マップス)
制作	マップス
印刷・製本	TOPPANクロレ株式会社

Printed in Japan
ISBN 978-4-296-20554-7

本書籍に関するお問い合わせ、ご連絡は下記にて承ります。
https://nkbp.jp/booksQA